书山有路勤为径,优质资源伴你行
注册世纪波学院会员,享精品图书增值服务

庞 涛·著

电子工业出版社
Publishing House of Electronics Industry
北京·BEIJING

未经许可,不得以任何方式复制或抄袭本书之部分或全部内容。
版权所有,侵权必究。

图书在版编目（CIP）数据

打造精品互动直播课 / 庞涛著. —北京：电子工业出版社，2021.7
ISBN 978-7-121-41444-2

Ⅰ.①打… Ⅱ.①庞… Ⅲ.①网络教学－教学研究 Ⅳ.① G434

中国版本图书馆 CIP 数据核字（2021）第 124749 号

责任编辑：杨洪军
印　　刷：三河市龙林印务有限公司
装　　订：三河市龙林印务有限公司
出版发行：电子工业出版社
　　　　　北京市海淀区万寿路173信箱　邮编100036
开　　本：720×1000　1/16　印张：10.5　字数：135千字
版　　次：2021年7月第1版
印　　次：2021年7月第1次印刷
定　　价：49.00元

凡所购买电子工业出版社图书有缺损问题，请向购买书店调换。若书店售缺，请与本社发行部联系，联系及邮购电话:（010）88254888，88258888。
质量投诉请发邮件至zlts@phei.com.cn，盗版侵权举报请发邮件至dbqq@phei.com.cn。
本书咨询联系方式：（010）88254199，sjb@phei.com.cn。

前言

　　2015年11月，我与孙波老师合著的第一本书《"动"见学习体验》上市，不少朋友都是因这本书跟我取得了联系。他们不少人表示，这本书极大地鼓舞和激励了他们从一个宣讲式的培训师转型为一个互动式或引导式的培训师。一晃五年过去了，不少人鼓励我升级这本书或推出新版。但是具体应该往哪个方向升级呢？我的心中冒出过无数念头，却一直拿不定主意。直到2020年，一场突如其来的疫情帮自己明确了方向，那就是往在线直播课的方向升级。

　　2020年年初，新冠肺炎疫情来袭，很多人居家办公。我正在家里刷微信，有人给我转了一个"成为互动直播课培训师"的链接。我点进去一看，一堂课要3小时。我太了解在线学习课程了，在华为大学的时候就曾经尝试过各种各样的在线学习形式——从微课到MOOC，再到各种直播。我感觉这些形式除了做知识普及和一般性的内容宣传，别无他用。怎么可能让学员坐那么久？这就是我在那个时期对于互动直播课的态度。一方面，我觉得直播课必须解决互动的问题，另一方面，我怀疑这压根就是一个无解的难题。

我虽然这么想，还是在小范围内进行了试点和实践。我参加了一个名叫头马（Toastmasters）的在线演讲会。疫情期间，头马的演讲会每次都是用ZOOM举行的。但凡有机会，我就主动请缨做主持人或互动官，带领大家做各种互动游戏以活跃气氛。记得有次我带大家玩了一个"烫手山芋"的线上表演接力游戏。之前设计和预想得都很好，可在线上互动时才发现根本不是那么回事。大家一会儿要开摄像头，一会儿要静音，很快就乱作一团。那天，点评师的反馈是"感谢Eric（作者的英文名）的勇气和大胆尝试"。我听了很沮丧，散会后把小伙伴挨个私信了一遍，要求他们给我提出反馈和优化建议。

转机出现在3月中旬，我报了一个互动直播师的培训班，没想到第一次课就上了三个半小时。那是我第一次在电脑前因为听课坐那么久。当课上到两个半小时左右时，培训师带我们在聊天室里搞了一个在线的分组讨论。我跟朋友Kevin说："这感觉何其熟悉，课程效果跟面授课也差不了多少。"他说："是啊，我也觉得这个沉浸感很像线下的培训。"那次课让我豁然开朗，因为之前关于线上培训的一切全靠自己摸索，现在终于亲眼见证了互动直播课的效果也可以非常好，感觉自己对互动直播课的理解和把握比之前也好了很多。于是，我迅速整理了自己过往的经验和思考，将这些内容融会贯通，开始教授"成为2.0版互动直播师实战训练营"这门课程,这也是本书的起源。

以上过程让我深深感受到,一名传统的面授讲师要转战线上,做出精品的互动直播课,需要经过平台、试错和贯通这三关。第一,讲师要熟悉和了解平台。第二,讲师要进行多次尝试,以积累经验。第三,讲师要得到一个契机,彻底将所有知识和经验融会贯通。

孔子说:"或生而知之;或学而知之;或困而知之:及其知之,一也。"意思是,人要么有极高的悟性不用学就会,要么通过一次次的试错和碰壁逐渐学会,要么踩在巨人的肩膀上,照猫画虎高效领悟而会。

这次,我愿借你一个肩膀,让你不必进行试错,直接乘风而上、借势飞翔。

严格来说,本书不能算作《"动"见学习体验》的升级版,因为《"动"见学习体验》关注的是如何开展有效的互动教学,本书则更多地关注如何设计和引导互动直播课。这两本书所涉及的领域有重合的地方,但大的范畴并不相同。你可以把两本书结合起来阅读,因为未来的学习基本上都是融合式的,这样可以帮助你同时精进线上和线下课程。

本书的顺利完成要感谢很多人。

首先,感谢电子工业出版社的晋晶老师。在本书还只是一个概念时,她就大力支持并鼓励我把它写出来,而且在自己屡屡懈急的时候，不断鞭策和督促我抓紧完成撰写。同时，感谢蒋志倩编辑的大力支持与耐心帮助。

其次，感谢2010年我入行培训时的启蒙导师季东来老师，以及轻舟里工作室的罗依芬和Becky老师。在今年5月，他们跟我一起开发和实践了与本书呼应的β版课程，从他们身上我收获良多。

最后，感谢相关课程的客户和学员。正是他们的参与和互动，以及课上和课后的提问与反馈，才让我有机会不断地思考和精进，将这些反思和感悟不断汇集整合，进而完成了本书。

本书提供配套资源，感兴趣的读者可扫码了解。

目录

第一章　互动直播课大势所趋　/ 001
　　第一节　直播热潮与教育直播　/ 002
　　第二节　互动直播课+训练营的四大优势　/ 005
　　第三节　互动直播课的三大挑战与黄金五力　/ 011

第二章　精通平台才能游刃有余　/ 017
　　第一节　互动直播课的很多痛苦都源于平台不熟　/ 018
　　第二节　国内常见直播平台的优势与劣势对比　/ 024
　　第三节　互动直播平台的上手方法　/ 028

第三章　结构力——让课程立得住　/ 031
　　第一节　结构源于直播课的目标　/ 033
　　第二节　匹配工具才能支撑学习落地　/ 039
　　第三节　依据课程类型搭建结构　/ 048

第四章　互动力——让学员坐得住之一（上）　/ 057
　　第一节　学习内容的三大分类　/ 061
　　第二节　根据所教内容搭配活动　/ 066
　　第三节　根据教学进程编排活动　/ 074

第五章　互动力——让学员坐得住之二（下）　/ 081
　　第一节　五大在线互动直播载体　/ 083
　　第二节　不传递内容的五大互动关键时刻　/ 089
　　第三节　在线分组讨论的开展　/ 100

第六章　金句力——让知识记得住　/ 105
　　第一节　互动直播课中金句的重要性　/ 107
　　第二节　植入直播金句的四大场景　/ 110
　　第三节　锻造金句的四大方法　/ 114

第七章　练习力——让效果留得住　/ 125
　　第一节　课后练习的三种类型　/ 127
　　第二节　怎样留作业和收作业更省心　/ 130
　　第三节　讲师辅导和点评作业的方法与技巧　/ 136

第八章　出镜力——让镜头Hold得住　/ 141
　　第一节　京剧表演五法及启示　/ 142
　　第二节　口到的要点　/ 144
　　第三节　手到的要点　/ 149
　　第四节　眼到的要点　/ 154
　　第五节　身到的要点　/ 157

第一章
互动直播课大势所趋

第一节
直播热潮与教育直播

2020年年初，新冠肺炎疫情来袭，直播行业变得异常火爆。直播带货成为中国企业竞相追逐的热点，企业不是在借助直播卖货的过程中，就是在准备开通直播的路上。在直播间里可以看到各种各样的商品，小到水果、牙膏，大到空调、汽车，甚至还有火箭发射服务。素人、网红、娱乐明星、主持人、企业CEO，甚至地方政府领导人，都纷纷投身直播间。在各路知名主播的加持下，直播带货的销售纪录在不断刷新。

受此影响，教育和培训领域的机构与老师，或主动或被动都开始进军直播行业。有些企业和机构启动很早。例如，有些互联网企业本身就在线上办公，所以他们能够迅速地转向线上，进行直播；有些企业没能回过神来，或者HR和培训部门主要在忙抗疫和稳定军心，一时还没把心思放到培训上；有些企业则一直在观望，他们在掂量疫情到底要持续多久。毕竟转为线上直播困难重重，而且效果难以衡量，这些企业在思考是否需要再等一等。到了5月，大家都明白了一件事情，疫情有很大的不确定性。疫情改变了我们的学习方式，在线学习将是不可逆转的趋势。在线学习最好的方式是哪种，是我们本来就很熟悉的微课、录播课，还是直播课？我的答案是互动直播课+训练营。

为什么？我觉得这是天时、地利、人和综合作用的结果。

天时方面，互动直播课（外国称为虚拟课堂，Virtual Classroom）在欧美国家已经发展了十几年，技术成熟。ATD、微软、谷歌、思科等一直用它作为解决跨时区、跨地域学习赋能的替代方案，并且收到了不错的反响。ZOOM、思科网讯（Cisco WebEx）、Adobe Connect等平台技术已经非常成熟。

地利方面，中国的微信、钉钉等早已从单纯的线上社交媒体，延伸到日常生活中。所以这些平台可以承接线上运营和作业打卡，这是西方的虚拟课堂学习形式所欠缺的。互动直播课可以克服传统在线学习的无助和枯燥感，作业打卡又能解决演练和学习转化的问题，两者正好可以形成很好的补充。

人和方面，作为在线学习的两大核心主体——讲师和学员，他们最熟悉的还是面授形式。我参与了近30场总计约2000人次的互动直播课，发现学员"只要破解了理念和方法障碍，其实互动直播课+训练营跟面授课的氛围、感觉、手法并无二致"。这种方式的培训效果可以达到面授培训效果的80%以上,而培训投入至少降低50%。你所需要的,只是有人帮你捅破那层看似很厚、实则轻薄的窗户纸。了解了互动直播课,你会发现,无论是从教学手法还是从教学效果上,互动直播课都是在线学习里最接近面授课的形式,它所营造的氛围和给人的感觉跟学员在教室里上课是非常接近的。

第二节
互动直播课+训练营的四大优势

对国内的朋友来说，在线学习并不陌生。它在中国发展了20多年，大有赶超在线学习的发源地——美国的趋势。自可汗学院于2009年开启微课后，国内的高校和企业一拥而上。例如，我曾经工作过的嘉士伯啤酒公司甚至跳过了基于PC端的在线学习阶段，直接从手机端的移动学习（M-Learning）开始学起。

大规模讲座型直播课在国内已经发展了一段时间，出现了一批像千聊、荔枝微课、小鹅通这样的优秀在线直播平台。它们的共同特点就是大班授课，学员从几十人到上千人不等，其中也有个别的互动方式，如回答"Yes/No"，回复"111"等，但是总体来讲，互动很少，主要还是偏重于知识和理念的快速普及与分享。

另外，慕课（Massive Open Online Course，MOOC）的热潮

席卷中国。不光是高校，一批企业也在这方面做出了积极的探索，如外国企业SAP、微软、思科、美国银行，中国企业华为和中国移动。我曾经工作过的华为大学，就是国内企业开展MOOC的代表。截至2018年年底，华为大学共上线514门MOOC，累计学习人数达到21万，累计学习时长为404000小时，其中5门课的学习人数都超过了8000。

虽然已经有了这么多在线学习的形式，互动直播课仍然是国内培训领域的新生事物，而且它有自己独特的优势。

我将自己熟悉的学习形式总结成一张图（见图1-1），右侧是大家熟悉的面授形式。它的优势是讲师适合教有一定深度和难度的知识，交互性好，系统性和沉浸感比较强。它的最大特点是学员和讲师都置身于一个完全不同于工作场所和家的独特场域，大家可以方便地答疑、对话，这使得线下学习成为一种非常独特的体验。我记得疫情缓解时期给一家央企管理干部学院做分享，我不戴口罩，学员都戴着口罩，可是那种久违的亲近感和同步感，让我和学员都倍感兴奋。这种独特的学习氛围和感觉，是目前的在线形式替代不了的。然而，面授形式需要大家聚在一起，差旅和脱岗成本巨大，当遇到疫情、跨国运营、业务旺季等特殊情况，人群难以集中时，它的优势就无法体现了。

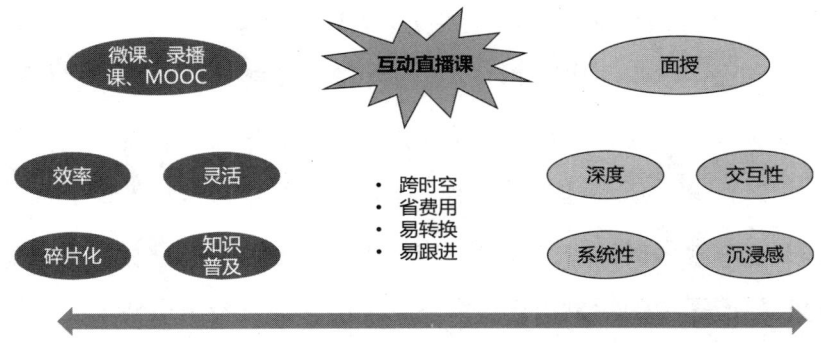

图1-1　不同学习形式及其特点

左侧是以微课、录播课和MOOC为代表的线上学习形式，也就是说，讲师和学员不在同一时间上课。它的优势是克服了时空的阻隔，提升了效率，有利于知识的快速普及。但是，这种方式相对碎片化，而且缺乏讲师和学员之间的互动，容易使学员学习时感到枯燥，遇到问题时得不到即时的反馈和解答。

那么，有没有一种兼具两种优势的学习形式呢？有，而且它已经存在很长时间了，就是互动直播课。它有四个不可比拟的优势。

跨时空

互动直播课是线上学习形式的一种，因为可以实现实时互动，所以它不受时空阻隔，学员足不出户就能实现远程学习。现在很多企业是跨国或跨地区经营的，学员想要同一时间集中在一起相当麻烦。举个例子，ATD（Association of Talent Development，人才发展协会）课程设计证书课程在海外提供两个版本，一个是面授版，为期3天；另一个是互动直播版，为期12小时，分为6次，每次2小时，通过WebEx平台进行授课。本来ATD在国内只提供面授版。2020年年初，因为疫情，互动直播版也开放给了中国学员，它还能够满足中国学员希望更快学完的诉求。本来在海外分6周完成的课程（一周一次），也调整为2~3周内完成全部课程。全国各地的学员齐聚线上，该放录像放录像，该分组讨论分组讨论，与线下的学习体验相差无几。

省费用

简单算笔账，负责培训预算的伙伴都知道，组织内培训的预算差旅费和讲师课酬基本上差不多。例如，一个班35人，两天的差旅费就是70 000元人民币，脱岗成本每人每天1 000元人民币，这又是70 000元人民币。实际上，支付给讲师的课酬只是一小部分开支。就好比"ATD课程设计证书课程"，在海外无论是面授课还是虚拟直播课，价格都是1 695美元（会员价）。看起来课程支出相当，但是面授版需要3天，再加上来回路途共计5天，这个支出相当惊人，更不必说早年我去学习和认证这个课程是飞到美国佛罗里达州奥兰多完成的，如果不是顺道带孩子去了一趟世界最大的迪士尼乐园，真心感觉肉疼。

易转换

以上两个优势都是针对组织的。我在实践中发现，互动直播课对于讲师还有两个额外的优势。一是它容易转换为录播课。今天的互动直播课提供了非常方便的一键录制功能，课一上完，录像也录好了。只要稍加剪辑，就可以将其分段变成录播课。这样就可以很方便地上传到各种平台，用作招生引流、翻转课堂，以方便学员复习和查看等。而录播课想转换为直播课几乎是不可能的。二是由于互动直播课是在线学习形式里最接近面授课的，所以便于讲师将面授课件调整转换为互动直播课课件，而如果要做微课或者大规模的在线录播课，课件和教学手法需要推倒重来，还得写详细的稿子。

易跟进

易跟进是指基于互动直播课的形式，讲师需要布置作业，通过对作业进行持续的辅导和点评，了解学员的转化和应用情况。例如，我给一家央企讲解互动直播课的设计和引导方法。他们一共45人，每次课结束后都会交30多份作业，我需要逐一点评和反馈。虽然这会占用我不少精力，但是通过这个过程，我对学员的应用情况和这家企业的业务状况都理解得越来越深入，学员也能够得到更好的针对性指导。而在线下课程中，讲师能够点评的学员作业往往是有限的，一堂课30人，分为5个组，每次只分享2~3个组的作业，其他组难以兼顾。而有了课后作业，讲师可以针对学员的问题做更有效的跟进。

第三节

互动直播课的三大挑战与黄金五力

📶 互动直播课的三大挑战

虽然互动直播课有四大优势，然而，要想真正用好互动直播课，仍然面临着三大挑战。

耐心度

据我观察，学员对于线上课程的耐心明显变得更加匮乏，就像我们在电影院里看电影，都是不慌不忙、气定神闲地坐在那里欣赏。而到了线上，我们掌握了遥控器和拖动钮，就会不由自主地把影片调到1.5倍速甚至2倍速去看，这是多年的线上的信息轰炸和教育，使得我们养成了这样一个习惯。在线学习通常是在一个开放嘈杂的环境里，地点可能是家里、饭馆、宾馆甚至在火车或出租车上。环境的干扰、线上抖音、淘宝弹窗等不断地跳出和推送，都加剧了这一情况。

这使得学员的注意力集中程度受到很大挑战。很多人都知道美国培训大师鲍勃·派克提出的8-20-90时间法则，意思是成人能够保持认真听讲并消化课程内容的时长上限为90分钟，其中能够高度集中注意力并保持吸收状态一般只能维持20分钟，而讲师每8分钟就需要变换教学的节奏和手法，调动学员积极参与，防止他们中途开小差或掉线。然而，到了线上直播，这些时间会被进一步压缩。培训圈总结2020年上半年的直播经验，有一种广为流传的说法是"15秒决定听不听，1分钟决定买不买"，生动形象地说明了在线课程为了争夺和保持学员注意力所遇到的巨大挑战。

全息度

这是我自己创造的一个概念，意思是信息传输的完整和丰富程度。我们都知道人有五感——视、听、嗅、触、味。线下形式能让讲师和学员无障碍地保持信息的交换和沟通，他们不光可以看到彼此，听到彼此的声音，而且可以闻到彼此的气味，必要时还可以跟彼此进行必要的身体接触，这些都使得他们更容易进入并保持在学习的场域里。讲师的一个指令传递出来，学员可以通过很多方式感知到。例如，线下学习时学员可以很容易感受到讲师的严厉或者坚定。而到了线上，只有视觉、听觉两条通道是畅通的，其他通道几乎都关闭了。

这时，对于信息传输的效率和效果就会带来巨大的挑战。上过直播课的讲师都知道，直播课开始最难以让人适应的一点，就是感觉自己在跟一堵墙对话。因为讲师无法从学员的眼神和肢体反应得到即时反馈，会让人讲课时心里很没底，而且这种状况在整个课程期间会一直持续。

交互度

因为屏幕的阻隔，很多讲师原来熟悉和依赖的互动手段都无法实现。例如，学员举手提问、跟学员的讨论等都受到很大限制，所以讲师对于把握学员的状况、内容的巩固与运用、引导学员注意力等方面受到了一定的影响。不过本书会在第四章和第五章针对这一点专门展开探讨。如果讲师熟悉其所使用的平台，掌握了有效的互动方法，这个挑战其实是比较容易克服的。

无论你爱与不爱，互动直播课的三大挑战就在这里，每一条都需要讲师做出行之有效的应对。针对第一点耐心度的挑战的解决方法是提供有效的刺激。例如，讲师可以提供场景案例和工具方法以吸引和保持学员的注意力。从课程结构上也要做出相应调整，改变自己在面授课上四平八稳、慢条斯理的展开方式，直指最后落地应用的目标和结果，使整个课程变得更加紧凑和精简。

针对第二点全息度的挑战的解决方法是充分放大视觉和听觉通道的威力。例如，我强调线上教学要重视金句，就是因为线上这种带有价值输出的信息，对于学员的影响非常巨大，一堂课下来很多学员记住的就是几个金句和要点。另外，讲师还要通过有效的微互动、强互动来弥补其他通道缺失造成的限制。针对第三点交互度的挑战的解决方法是精简内容，提高互动的频次。因为只有精简内容才能匀出时间给互动，而讲师期望把线下内容一成不变地搬到线上是行不通的。线下一堂课六小时，转到线上一般都会对半压缩。如果照搬原有内容，连能否讲完都成问题，哪里还有时间去穿插和编排至关重要的互动呢？前面谈到，互动直播课需要讲师以更高频率的互动去实时把握学员的学习状态，并且不断检验学员的吸收情况。

黄金五力

由于这三大挑战的存在需要得到明确有力的回应，我总结和提炼了互动直播课获得成功的五种力量，将其称为互动直播课的黄金五力（见图1-2），它们分别是结构力、练习力、出镜力、金句力和互动力。

结构力是指讲师按照互动直播课的特点，为课程搭建一个直指绩效结果和实际应用的逻辑结构，以学员和应用为中心展开内容，主要解决学员耐心度不足的问题。

图1-2　互动直播课的黄金五力

练习力是指讲师设计、布置有效的课后作业，并进行有针对性的回收、辅导与落实。课后作业是互动直播课的一大特色，各种在线研习营、训练营都离不开课后作业这一环节。练习力主要解决学员全息度的问题。

出镜力是指讲师如何在屏幕上最大限度地通过声音、手势、眼神、身体等，展示自己的专业形象，吸引学员注意力，留下良好印象。出镜力主要解决学员全息度和交互度不足的问题。

金句力是指讲师基于自己课程的内容、风格，在关键环节，打造和设计让学员耳目一新、印象深刻的金句，从而提升课程核心内容的黏性和传播效果。金句力主要解决学员耐心度和全息度不足的问题。

互动力是指基于学习内容及环节的不同，采用简便、合适的方式鼓励学员的参与和投入，并且用在线方式完成必要的演练和检查。互动力主要解决学员耐心度、全息度、交互度不足的问题。

黄金五力与三度挑战的关系如表1-1所示。

表1-1 黄金五力与三度挑战的关系

三度挑战	黄金五力				
	结构力	练习力	出镜力	金句力	互动力
耐心度	■			■	■
全息度		■		■	■
交互度			■		■

第二章

精通平台才能游刃有余

第一节

互动直播课的很多痛苦都源于平台不熟

不少讲师对于直播课根深蒂固的印象就是没办法和学员进行互动，使很多原本得心应手的教学手法难以实现，这让他们感觉教学时被束手束脚。其实如果他们熟悉平台功能，就会发现并不是这样的。下面我邀请大家做一个小测试。

1. 以下哪个直播平台支持学员进行分组讨论？（多选）

 A. 钉钉

 B. 小鹅通

 C. ZOOM

 D. 瞩目

 E. 腾讯会议

2. 以下哪个平台进行屏幕共享时支持学员在屏幕上输入文字而不只是画线？（多选）

A. 钉钉

B. 小鹅通

C. ZOOM

D. 瞩目

E. 腾讯会议

3. 以下哪个平台支持直播课程的回看功能？

A. 钉钉

B. 小鹅通

C. ZOOM

D. 瞩目

E. 腾讯会议

答案：第1题 CD，第2题 ABCD，第3题 AB。

2020年3—4月期间，我给不少学员都做过这个测试。那时大家刚开始接触互动直播课和平台，这几道题回答全对的比例低于15%。这反映出对于互动直播课来说，最大的问题是讲师不了解平台的功能，就想当然地认为很多教学手法做不到。

这会造成什么问题？平台功能不熟会极大地限制讲师教学创意的构思和实施，这就好比一个人明明拿着一部智能手机，还是只会打电话和发短信一样。

所以在很多线上培训和线上会议里，讲师让大家进行自我介绍还是线下的老一套，每个人一分钟轮流开麦。但通常很多人理解的是一分钟起步，于是讲个三五分钟的大有人在，一个时长一小时的会议和课程，自我介绍就要用去半小时，大家只能违心又无奈地鼓掌。

如果你熟悉ZOOM、腾讯会议、钉钉这样的平台，就可以高效、有趣地完成线上培训。例如，讲师可以在屏幕上共享一张中国美食或者美景地图，让大家勾出自己最喜欢的美食或者景点，然后在文本框中输入一些趣味问题的答案，大约三五分钟的时间就能让场子热起来。基于同样的规律和原理，这些问题还可以是："你最喜欢的电影、歌曲、明星、企业家或者一本书是什么？"

我时常跟学员讲，一切直播互动的痛苦都源于对平台功能操作的生疏。我还发现，很多伙伴有严重的平台依赖症，用惯了腾讯会议，一旦换成其他软件，就很痛苦。其实这几个软件用起来的差别很小。然而，不同软件的功能和流畅度有着不小的差距。如果要更好地驾驭不同的软件，讲师就需要付出更多的精力去学习和思考，要不断总结，正如王兴那句名言所说的，"多数人为了逃避真正的思考，愿意做任何事"。

对平台功能操作不熟练不仅无法达到期望的教学效果，还会带来教学事故。2020年7月8日，中山大学通报该校某副教授、硕士研究生导师在直播课休息时间，因未关闭直播，在10分钟内将自己跟好几个女生私下交流的不雅信息，悉数展示给了直播间全体学员，学员又将整个过程截屏上传至网上。由于对该平台操作不熟练，该导师给自己和中山大学都带来了舆论危机。我建议所有讲师在直播过程中一定要熟练掌握平台的各种功能，尤其要注意关掉浏览器、微信和QQ，慎用桌面共享，最好不把机密资料堆砌在桌面上。

表2-1是互动直播课平台九大核心功能的介绍，以及这些功能与面授课类似之处的对比，供大家从总体上把握平台不同功能的作用。

表2-1　互动直播平台九大核心功能介绍及其与面授课中类似之处的对比

核心功能	如何发挥作用	与面授课的类似之处
屏幕共享	允许讲师和学员在需要时共享屏幕进行示范和展示，以便其他人了解具体的意见和做法	● 讲师进行屏幕共享，相当于面授课在幕布上放映PPT ● 面授课中，学员进行屏幕共享比较麻烦，类似于将学员的电脑连接到投影仪或者把学员的作业成果发送到微信群、钉钉群，供大家讨论
语音	允许讲师和学员发言，以便其他人听到自己的声音。形式可以是讲师讲、学员听，也可以是双向交流	面授课中，讲师讲课和学员发言的声音

续表

核心功能	如何发挥作用	与面授课的类似之处
聊天	允许讲师或学员在聊天区输入文字信息，以便所有人都能够及时看到，一般会分为公聊（所有人都能看到）和私聊（单独发给某个学员，其他学员看不到）	• 公聊类似于面授课上的提问与回答，让学员公开分享自己的意见 • 私聊类似于学员之间说"悄悄话"
网络视频	允许讲师和学员进行视频，以便其他人能够看到自己的实时状态与动作	因为在面授课上大家是面对面的，所以网络视频类似于这种面对面，互相能够"看见"的状态
白板与画图	允许讲师和学员在白板或共享文档（如PPT、Excel、Word界面）上表达自己的想法，而且大家可以一起涂写，将结果实时展示给所有人	类似于面授课上书写用的白板，有人在上面涂写，其他人可以看到
投票	支持学员对一个或者一系列问题以投票的方式给出自己的答案	类似于面授课上的举手回答或表态，但如果有多个问题，讲师可以把答案写清楚，让学员对正确结果一目了然
即时反馈	允许学员在讲师上课过程中通过各种表情包表达自己的意见	类似于面授课上举手告诉老师自己有疑问，但是比线下表达意见更安全、自由，因为其他学员看不到，所以其所面临的压力更小
分组	允许讲师根据课程安排及内容，在需要时灵活地将学员分成若干个小组，进行小组讨论或主题研讨	类似于面授课上的分组讨论

续表

核心功能	如何发挥作用	与面授课的类似之处
录像	允许讲师或组织方对教学全过程或必要环节进行录像，然后上传到某地或者分享给大家，支持学员课后回看，对知识进行复习及巩固	类似于线下的录像，然后进行剪辑和分享，但在互动直播平台做这件事远比面授课更方便快捷

第二节
国内常见直播平台的优势与劣势对比

疫情带火了一批直播平台，但是随着时间的推移和行业的洗牌，目前国内比较活跃的直播平台数量已经不多，主要是腾讯系的腾讯会议、小鹅通、阿里系的阿里钉钉，早年曾和ZOOM紧密合作的随锐科技推出的瞩目，其他就是行业先驱思科（Cisco）公司的WebEx和Adobe公司的Adobe Connect，后两者在大型外企使用得比较多。

迈克尔·威尔金森在他所著的《虚拟引导的秘诀》中，把在线视频会议平台按照平台功能和对应的小组参与和产出水平做了一个划分，这个划分对于我们评估和选择互动直播平台同样有参考价值。

表2-2 互动直播平台功能及其产出水平的说明

互动直播平台功能	小组参与和产出水平	说明
只有音频（电话会议）	1	人们能够彼此听到
音频和桌面共享	3	人们能够彼此听到，查看相同信息
音频和视频	4	人们能够彼此听到，彼此看见
音频、视频和桌面共享	6	人们能够彼此听到，彼此看见，查看相同信息
音频、视频、桌面共享和白板	7	人们能够彼此听到，彼此看见，查看相同信息，同时提供书面输入
音频、视频、桌面共享和白板，以及支持小组讨论	8	人们能够彼此听到，彼此看见，查看相同信息，同时提供书面输入，能够在需要时在小组中开展工作
面对面会议	10	人们能够彼此听到，彼此看见，查看相同信息，同时提供书面输入，能够在需要时在小组中开展工作，充分观察和感受到非语言沟通和身体互动（如握手）等信息

从表2-2中可以看出，如果面对面会议的小组参与和产出水平是10，那么传统的电话会议只有1。人们能够彼此听到，彼此看见，查看相同信息的会议就可以达到6，而增加白板和支持小组

讨论的功能后，就可以达到8。今天市面上除了小鹅通这种主要支持大规模人群知识付费的直播平台以外，其他平台基本上都在7及以上。我在这里特别说明一下，别看小组讨论这项功能看起来对小组参与和产出水平的影响只有1分之差，但是对于一些研讨和演练比较多的培训题目（如销售、谈判、引导技术、问题分析与解决）来说，这一功能还是非常重要的。所以下面我会对这两个平台展开更加细致的比较。

从表2-3中可以看出，随着功能的不断改进和完善，几个主流互动直播平台的功能已经相差无几。目前只有腾讯会议和钉钉暂时还不支持分组会议功能。不过，因为它们分别背靠腾讯和阿里两棵大树，在使用人数、学员下载率及熟悉程度上，还是有优势的。另外，因为各自跟腾讯、阿里生态对接，所以这两个平台对于各类文档和文件传输的便捷程度，也比海外产品和瞩目要好。其中腾讯会议在界面和功能上都跟瞩目和ZOOM更为接近，因为钉钉是商务办公工具，所以直播和会议只是它的一部分功能，其界面也比较复杂。在钉钉开会就像在微信中讨论一样，比较容易受到其他群或者无关消息的干扰。这种感觉类似于在酒店或者公司的会议室进行培训，但前者的环境和封闭性更好一些。

表2-3 六个互动直播平台的功能比较

	厂商	Adobe	思科	腾讯	阿里	随锐科技	小鹅通
	平台	Adobe Connect	WebEx	腾讯会议	阿里钉钉	瞩目	小鹅通
高级	屏幕标注功能	是	是	是	是	是	否
	分小组会议	是	是	否	否	是	否
	投票	是	是	是	是	是	否
	白板	是	是	是	是	是	否
基础/有限	聊天	是	是	是	是	是	是
	共享桌面	是	是	是	是	是	是
	聊天记录保存及分享	是	是	是	是	是	是
	转换鼠标控制	是	是	是	是	是	否
	切换演示者	是	是	是	是	是	否
	网络视频	是	是	是	是	是	是
	网络语音	是	是	是	是	是	是
其他	允许随时进入培训	是	是	是	是	是	是
	设置联席主持	是	是	是	是	是	否
	参会人数上限	100	NA	300	NA	100	NA

注：因厂商仍持续对功能进行升级和迭代，故本表统计功能截止到本书写作时。

第三节 互动直播平台的上手方法

互动直播平台的功能其实并不复杂，但是跟学习使用任何软件一样，都需要投入时间去熟悉和了解。要想玩转平台，充分发挥互动直播平台的功能及优势，最大限度地展现自己设计的想法，那么讲师必须详细了解和研究平台的各种功能。因为不同用户对于直播平台功能学习和了解的诉求不同，所以讲师需要掌握的程度和重点关注方面也有所不同。我根据自己的实践经验整理了一张表（见表2-4），供大家了解讲师、助教和学员三类角色的常用功能。有时，你的合作渠道或企业不提供线上助教或不够给力，你就必须胜任助教。所以互动直播平台对讲师的要求是最高的，要求三类角色的功能都要掌握。

表2-4 三类角色的常用功能

讲 师	助 教	学 员
• 如何在屏幕上书写 • 如何在屏幕上输入特定图形，如"×"或"√" • 如何共享屏幕或者文件 • 如何流畅地播放视频并传送声音 • 如何发群消息及给学员私信 • PC端和手机端各自如何登录及打开摄像头和声音 • 如何设置虚拟背景及美颜	• 如何设置分组讨论 • 如何在屏幕上书写 • 如何在屏幕上输入特定图形，如"×"或"√" • 共享及播放音乐，以便暖场和中场休息 • 如何让学员在平台改名为自己本名 • 如何设置全体静音以及给特定对象开麦 • 如何发群消息及给学员私信 • 如何开启及关闭录像 • PC端和手机端各自如何登录及打开摄像头和声音 • 如何截屏并且找到截屏文件 • 如何保存聊天记录	• 如何打开及关闭声音、网络视频 • 如何在屏幕上书写 • 如何在屏幕上输入特定图形，如"×"或"√" • 在平台改名为自己本名 • 如何发群消息及私信

关于具体功能的学习，主流互动直播平台提供了完整的使用手册，图文对照的解说可供你详细了解如何具体操作和使用。例如瞩目，你可以在其官网下载Windows、iOS、安卓三个平台的操作手册。具体下载网址是http://help.zhumu.me/hc/kb/article/1086197/，截图如图2-1所示。

图2-1 瞩目平台官方网站操作手册

我曾经看到很多讲师都会在开营或者培训前把操作手册发给学员，要求学员自学，甚至专门开一堂课来讲解其中的用法。然而，我不建议这么做，因为这样一来没有应用场景学起来比较枯燥，二来耽误时间，效率不高。成人的学习特点是"学以致用"。我一般会提前把操作手册发给学员，然后在开营和第一堂课时带领大家做几个破冰活动（见第四章开篇活动图片感言、美食美景地图，第五章哑剧接力、烫手山芋等），帮助学员在互动和学习的过程中熟悉和使用平台。我认为这种润物细无声的学习方法效果最好，会让学员在不知不觉中熟悉平台的使用。有时个别学员在后面课程中操作不熟或者忘了步骤，其他学员也会提醒他们或者分享使用方法，使他们即使遇到问题也会得到帮助，印象也会格外深刻。

第三章

结构力——让课程立得住

前面谈到过，在互动直播课上，由于信息传输通道的限制，讲师跟学员之间好像隔着一堵墙，人与墙在进行斗争。信息需要穿透这堵墙才能到达学员那里，而来自学员的反馈也很容易被这堵墙阻隔。讲师的努力方向就是通过一系列教学手段，让这堵墙慢慢变薄，最终变成一层窗户纸，一捅就破。

结构力是互动直播课的黄金五力之一，需要解决的问题是让课程能够立得住，而课程的具体内容直指学员需要解决的问题以便让他们和讲师产生共鸣。如何达成结构力呢？

首先，要为互动直播课设定一个能够落地的学习目标。

其次，要为课程配置一些工具，帮助学员将所学进行转化。

最后，在前两项的基础上，搭建一个大家可以轻松接受的学习结构。

第一节

结构源于直播课的目标

作为自由培训师，我经常帮一些企业设计培训课程。跟培训部负责人沟通时，他们经常说，销售人员学习的目标只是了解最基础的保险业务、移动服务或者云计算方面的知识。听到这样的需求，我会想：这样做的目的是什么呢？所以我通常会说："但是为什么了解你说的这些知识很重要呢？"负责人会说："学员就需要了解这些基础知识。"这时，我会反问："他们怎么恰当地运用这些知识呢？"负责人往往会回答他们只要了解并且掌握就行了，这是公司要求的。于是，我会再换个角度问："如果他们不了解这些知识，会发生什么不好的事情呢？"负责人会说他们就会在客户面前显得很蠢。这就对了，学习的目标是销售人员能够用这些知识准确地回答客户的提问。

从这样一个对话案例中，我们可以看出培训中会经常发生的状况。企业培训部经过层层梳理发现，让讲师培训的内容，往往跟起初的想象是截然不同的。所以一开始就明确清晰有效的目标，尤其是行为目标，在互动直播课里至关重要。

关于培训目标，说到底我们需要了解的是：培训针对的是谁？将来能解决什么问题？学员能够用这些知识做什么？这里有一个非常好用的工具，叫作ABCD绩效目标表述法（见图3-1）。

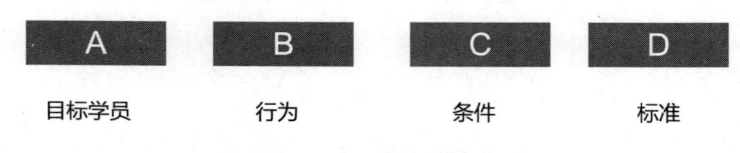

A	B	C	D
目标学员	行为	条件	标准

图3-1 ABCD绩效目标表述法

A、B、C、D分别代表撰写绩效目标的四个要素：

A是Audience，指目标学员是谁。

B是Behavior，指目标学员的行为。

C是Condition，指目标学员完成任务的条件。

D是Degree，指目标学员完成任务要达到的标准。

这四者就构成了一个清晰有效的绩效目标。

举个例子，针对电气工程培训师的一个故障排查课程的目标用ABCD绩效目标表述法写出来是"电气工程师能够基于故障的场景描述和必要的测量数据，准确地排查故障原因，并且给出一

第三章 结构力——让课程立得住　035

个有效而经济的解决方案"。在这个目标里，目标学员是"电气工程师"，行为是"排查故障原因并给出方案"，完成任务的条件是"基于故障的场景描述和必要的测量数据"，要达到的标准是"有效而经济的解决方案"。

通过这样一个目标能看到这个课程要解决什么问题，怎么去衡量，学完后能不能打动别人。要给学员一个测试或者练习，帮他们了解对知识的掌握程度。在规定的时间内，如果他们能准确地找到原因，并且给出有效的方案，就说明他掌握了。

针对保险业务员产品课的目标用ABCD绩效目标表述法来规范表述可能是"基于给定的客户沟通模拟场景，能够应用新产品知识，在限定时间内清晰回答客户提出的疑问"。这样的目标一写出来，教学的重要环节就梳理清楚了。例如，有模拟场景意味着要有案例，学员要进行角色扮演。进行衡量和核查，意味着业务员确认了检核的标准。当客户提出疑问时，意味着你必须对客户对产品可能提出的常见问题做到了然于胸，这来自调研和对客户需求的洞察。这样的目标使得讲师必须踏踏实实地做调研。

课上，我们会利用以下话术，把ABCD绩效目标表述法对于目标的撰写，转化为一道填空题：

___（谁）___ 基于 ___（条件、场景）___ 做/完成 ___（行为）___ 达到 ___（标准）___ 。

简而言之，就是谁，基于什么样的条件/场景，做一个什么样的行为，最后达到什么样的标准。写绩效目标，其实就是把这四个要素套进去。

以互动直播课金句力模块的学习目标为例，我给自己设定的目标是："学员能够使用课堂上提供的三种方法，针对课程主题，至少为自己课程添加三个适配的金句以提亮课程质感并突出关键点。"

ABCD绩效目标表述法并不是培训设计里的新概念。它听起来很容易，但实际上做到位并不容易。学员可以当场梳理针对自己课程的目标，把可能存在的问题按照A、B、C、D四个类别写在表3-1中。以下三个目标是我从某次面向某电力企业的内训过程中节选的：

目标1：在通信运维检修作业中，所有通信运维专业参培学员能够正确开通以太网业务。

目标2：基于通信运维检修岗位，所有参培学员做网络设备配置与维护，达标的标准是熟练掌握配置基本方法。

目标3：基于职场文案写作要求，办公室人员运用结构性思维工具分析和解决问题，撰写出条理清晰、格式规范的公文。

第三章 结构力——让课程立得住

表3-1 ABCD绩效目标表述法

	A—目标学员	B—行为	C—条件	D—标准
目标1				
目标2				
目标3				

我给出的点评如下。

目标1："通信运维检修作业"这个场景有点儿笼统，因为其中可能包含一系列的任务和行为。"开通以太网业务"是一系列行为之后的结果，所以这个目标太过笼统。如果目标被细化到具体的有针对性的内容或者学习模块里，就会更容易衡量。例如，在五分钟内识别出三个××方面的故障。另外，场景也不明确，这个运维检修作业是实训场景还是模拟场景，如果是模拟场景，也需要进一步讲清楚是哪个场景。

目标2："做网络设备配置与维护"是行为。"基于通信运维检修岗位"这个条件写得并不清楚，因为条件是指培训时，在什么情况下借助什么工具完成网络设备配置与维护。例如，"基于模拟的故障类型说明和检测工具""熟练掌握配置的基本方法"没有办法衡量，因为每个人对熟练的认知不一样，所以这里就要对"熟练掌握配置的基本方法"进行可衡量的表述。例如，能够在15分钟之内把网络维护好，就是一个标准，或者在规定的时间内对原来的故障进行排查恢复，也是一个标准。如果仅仅指出"熟练掌握配置的基本方法"，那么因为每个人心目中的标准不一致，所以很难对其进行衡量。

有了以上两个点评作为参考，你可以看一下目标3的撰写有什么问题。（提示一下，四个方面都有问题。）

谈结构，为什么要先明确目标？第一，是以终为始。一堂互动直播课通常是45~120分钟，也就是有三四小节。只有明确了每小节到底想实现什么样的目标，讲师才知道要放什么内容，支持学员学到什么程度。第二，是线上直播课要求更加直截了当。如果学习目标没有直接关联到应用场景，内容编排必然不够落地，就会导致学员难以保持耐心，也丧失了互动直播课在演练和互动方面的优势。

第二节
匹配工具才能支撑学习落地

我先问一个问题：你平时怎么导出微信语音？你有没有遇到过这种情况，听了一些群里的语音分享觉得很不错，希望把它导出来作为一个语音文件以方便经常收听，而一条条的微信语音回顾起来却很不方便。

实际上，网上是有这种语音分享导出软件的。这种软件有付费的，也有免费的。只要把它安装在你的手机上，它就会满足你的要求。这种软件一般让你选一个群，跟谁对话，几点到几点，只要花一分钟不到就能导出你想要的语音文件。在此之前虽然也有其他攻略，但操作起来一般要十几步，还要连数据线，过程很麻烦，而这个软件使用起来很方便。

这个例子告诉我们，解决问题有时并不一定要从头学起，有了合适的工具就能直接搞定。其实很多时候，如果我们不是某个方面的专家，找一个工具把事情解决就好。

📶 什么是工具

举个例子，要想让饺子好吃，需要把剁饺子馅儿剁得非常均匀。但是现在大家还学剁馅儿吗？绝大多数年轻人是没有这个闲心去做的，他们只要买一个绞肉机就可以很快搞好所需要的饺子馅儿。虽然绞出来的馅儿很可能不如星级酒店的大厨，也不如你的姑妈，但是达到85分的水平是没有问题的，大部分人吃起来会觉得很不错。

这个例子说明，有些事情自己不会不要紧，借助一个机器（工具）帮忙干好就行。绞肉机就是我们学习包饺子路上的有效工具（见图3-2）。

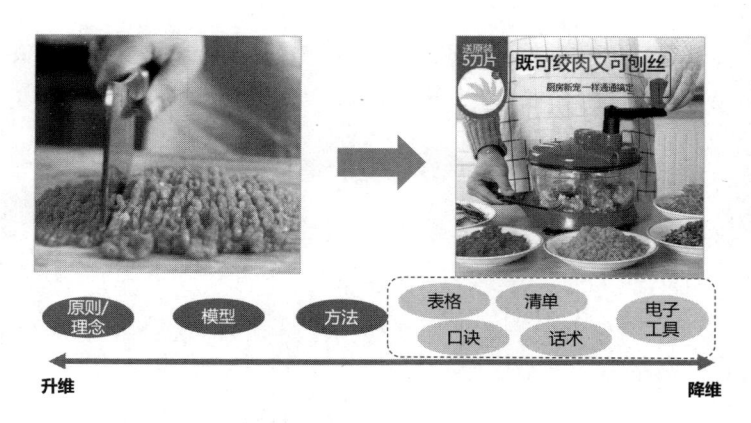

图3-2 绞肉机与工具的关系

这个例子引出了一个非常重要的概念,叫作"降维"。什么叫降维呢?就是讲师要把学员学习和应用的过程尽量简化以降低复杂度。这是由于线上讲师跟学员的交流效率相比线下是很低的,线上学习一些复杂的原理会使学员学习的耐心和成效同时下降。

讲师在线下主要教三件事:理念、方法和模型。然而,随着线上授课节奏的加快和通道的压缩,学员更希望获得的是拿来就用的表格、清单、话术、口诀,包括一些电子工具(如前面提到的微信语音导出App)。讲师在进行线上教学时要注意,对一些重要的内容知识要点,不仅要给学员方法,还要把方法变成工具,便于他们操作。降维思路的本质是把一个体变成一个面,把一个面变成一条线。

案例分析

华为借力工具助推全场景产品销售培训落地

2018年华为的业务开始转型。那么,它具体是如何转型的呢?华为被大家所熟知是因为手机卖得非常好,很多消费者都认可华为的手机有摄像清晰、产品耐用、充电时间短等特点,但是手机市场交易量的整体趋势还是日渐下降。

所以从2018年开始,华为向小米和苹果学习做全场景业务,开始销售台灯、音箱、手机支架等产品。这时它遇到了一个问题:原来来门店的消费者非常熟悉和认可华为的手机,来了之后基本上简单看一下就买,因为它是国产的高端品牌,但是卖音箱、台灯、智能门锁的时候就不是这样了。消费者对华为的这些产品是相对陌生的,印象也比较模糊。于是华为提出了"黄金半小时"的概念,就是充分利用已经购买手机的消费者等候的半小时推荐其他产品。这背后的逻辑是由于消费者对除华为手机以外的产品相对陌生,企业就借手机的势,将消费者对于手机的认可转移到其他产品上。

例如,所有买完华为手机的消费者都要坐在店里倒资料、验机器。销售人员会帮消费者查看一下手机,确定完好无损,整个流程差不多要半小时。在这段时间里,消费者会拿到一个备用机随便做点什么事,如打游戏或者发微信。原来这段时间对消费者而言是无效的,但现在不一样了,销售人员要用这段时间推销华为的其他产品。我从华为的一线销售人员那里取经,把全部内容总结为一张表。他们给消费者的服务过程是这样:"先生,我来帮您测试一下手机好吗?华为P30是我们最好的型号,您看,本机外观完好无损。摄像头打开试一下,也没问题。把扬声器连上华为的音箱,蓝牙连上华为的耳机,您听一下?我们的蓝牙音箱有很多功能,它可以满足家里小朋友在家学英文、查资料的需求……"这样就可以顺理成章地嵌入华为的其他产品了。

这张表一分享出来，全国门店的销售人员在卖手机的时候就有了一个非常好用的工具。销售人员特别爱用这个工具，因为这个工具把一个给消费者验机的过程变成了增值销售的过程。这个例子说明了理念再好，如果只有方法没有工具，是没法将其落地和实施的。

常用工具

常用工具有四大类：操作清单、口诀话术、对比图表和决策流程。

第一类是操作清单。如图3-3所示的旅游装备物品清单。旅游达人在旅游之前要把自己的物品归类，把清单打印出来一个个打钩，避免遗忘贵重的物品。大家熟悉的核查清单、勾勾表、备忘清单都属于此类，甚至快餐店标准化作业、飞行员操作手册上都有大量这样的操作清单，它的作用主要是对操作要点进行确认，防止遗漏。

第二类是口诀话术。它是操作要点的简要概括。例如，疫情期间我们熟悉的科学洗手七字诀"内外夹弓大力腕"（见图3-4）和本章第一节给大家提供的ABCD绩效目标撰写话术。口诀话术的作用在于促进要点记忆和实战把握运用。

类目		物品	携带打√	备注
设备		手机		
		耳机		
		数码相机		
		相机镜头		
		充电宝		
		充电线		
		转换插头（出境）		
证件		身份证		
		学生证		
		通行证/护照（出境）		
金钱类		银行卡		
		现金		
		外币（出境）		
		冲锋衣		

图3-3 旅游装备物品清单

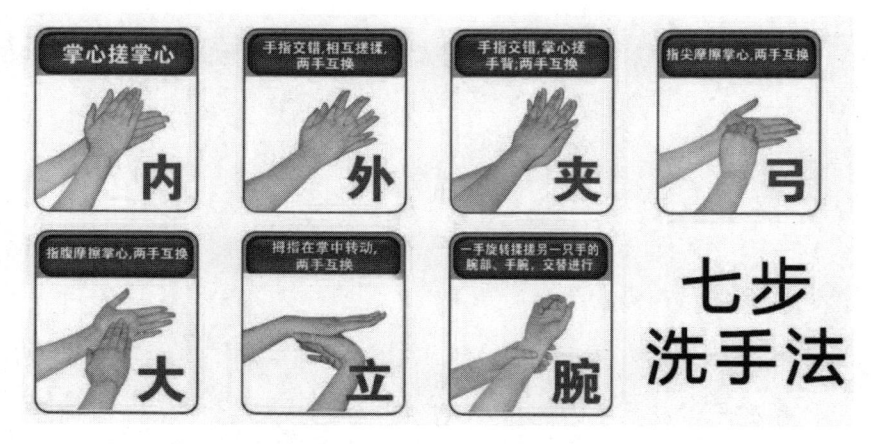

图3-4 科学洗手七字诀"内外夹弓大力腕"

第三类是对比图表。它通过比较相似概念的特点，对两者做出明确的区分，方便读者把握它们之间的差异。例如，表3-2所示的这张感冒、流感、新冠肺炎的特征对比一览表，可以让你一目了然地了解新冠肺炎的症状与另外两者的差异。

表3-2　感冒、流感与新型冠状的差异

症状	感冒	流感	新冠肺炎
发热	少见	常见，通常高于正常体温，尤其是小孩。持续3~4天	● 无症状 感染后不发病，只在呼吸道中检测到病毒 ● 轻症 只有一点发热、咳嗽、畏寒和身体不适 ● 重症 ①早期（尤其是前3~5天）会发热咳嗽，越来越乏力 ②一周后，病情逐渐加重，发展到肺炎，甚至重症肺炎 ③出现呼吸加快、呼吸衰竭、多胀气损害，甚至死亡
头疼	少见	常见	
全身疼痛	轻微	多见，且通常更严重	
疲惫、虚弱	有时	多见，持续2~3周	
极度疲惫	从不	多见，通常在开始发烧时出现	
鼻塞	常见	有时	
打喷嚏	多见	有时	
喉咙痛	常见	有时	
胸部不适咳嗽	轻微干咳	轻微到中度可能会变得严重	
肺炎	罕见	少见	

注：
1. 感冒的人一般上呼吸道症状很重，但全身表现较轻，一般没有危险；
2. 流感病人发病急，症状严重，全身症状多，可能一两天内体温会上升到39℃以上；
3. 典型的新冠肺炎有一个逐步加重的过程，到了第2周，病情往往最严重。

第四类是决策流程。在不同情境下，我们可以利用决策流程应对突发状况。图3-5所示的是某市学生每日晨（午）检流程图，它很清楚地显示了医院门诊在不同情况下接诊的处理流程，给一线工作者和患者一个清楚的操作指示。疫情期间，我们能够在商场、社区、公共娱乐设施门口见到很多这样的决策流程图。除此之外，它也经常被用于排查、诊断故障，以及检修设备等方面。

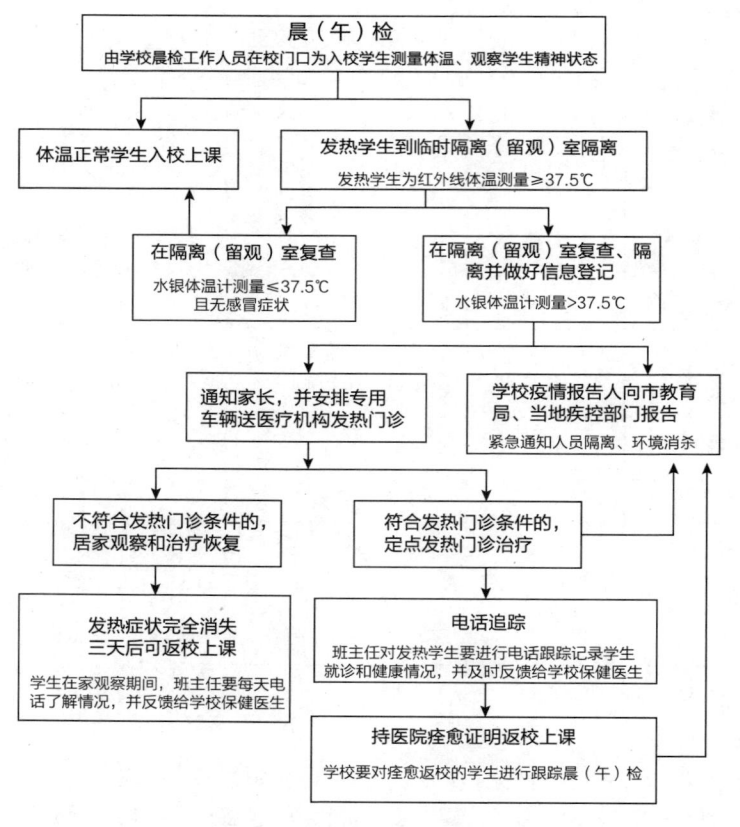

```
晨（午）检
由学校晨检工作人员在校门口为入校学生测量体温、观察学生精神状态
        │
    ┌───┴────────────────────────┐
    ↓                            ↓
体温正常学生入校上课    发热学生到临时隔离（留观）室隔离
                       发热学生为红外线体温测量≥37.5℃
                            │
              ┌─────────────┴──────────────┐
              ↓                            ↓
     在隔离（留观）室复查        在隔离（留观）室复查、隔离并做好信息登记
     水银体温计测量≤37.5℃          水银体温计测量>37.5℃
     且无感冒症状
              ↓                            ↓
     通知家长，并安排专用        学校疫情报告人向市教育局、
     车辆送医疗机构发热门诊      当地疾控部门报告
                                紧急通知人员隔离、环境消杀
              │
      ┌───────┴───────┐
      ↓               ↓
不符合发热门诊条件的，  符合发热门诊条件的，
居家观察和治疗恢复      定点发热门诊治疗
      ↓               ↓
发热症状完全消失       电话追踪
三天后可返校上课       班主任对发热学生要进行电话跟踪记录学生
学生在家观察期间，     就诊和健康情况，并及时反馈给学校保健医生
班主任要每天电
话了解情况，并反馈
给学校保健医生         ↓
                持医院痊愈证明返校上课
                学校要对痊愈返校的学生进行跟踪晨（午）检
```

图3-5　某市学生每日晨（午）检流程图

课程结构一般指的是课程骨架和核心内容点之间的逻辑关系。为什么我要花这么长时间讲解目标和工具这两个要素呢？因为在面授课中这两个要素是搭建课程架构的重要部分，在线上课程中它们的作用更被无限放大。

目标是课程结束时希望学员达到的标准，决定了讲师要带学员去哪儿。工具是重要内容转化落地的保障，相当于登山或者徒步的装备。有了目的地，也有了装备，剩下的就是如何规划行程了，这样就自然引出了课程结构。

第三节 依据课程类型搭建结构

针对本章第一节的互动直播课学习目标，如果用ABCD绩效目标表述法的方式写出来，就是"学员能够针对自己的课件，撰写一个满足ABCD绩效目标表述法的四个要素的要求的绩效学习目标"。回顾一下，在这个目标里，行为是"撰写"，标准"满足四个要素的要求"是我要带学员去的地方。那么应该如何让学员最有效地"撰写一个满足ABCD绩效目标表述法的学习目标"呢？

在接近终点之前，我会设计一个练习来检测学员的掌握程度，否则就不知道学员到底掌握没有。既然安排了练习，我就要提供反馈和点评，以便学员对照其进行改进。再往前推，为了让学员更方便地开展练习，我会提供一个工具，降低他们练习的难度，让他们只要照猫画虎就好。这就是用ABCD绩效目标表述法撰写话术，而学员要想自如地使用这个话术，就要掌握相关的概念和标准。这个过程必须有详尽的示例，这就是特点和使用效果。如果我上来就介绍概念，学员就没有直观的体会和认识，所以我要先抛出一个问题和场景，让学员认识到清晰撰写ABCD绩效目标表述法的意义和价值。这样一环扣扣一环，最后才能帮助学员达成设定的目标。

再梳理一遍，要想介绍一个工具，首先，我要给一个场景，场景中包含问题。其次，我会告诉学员这个工具的特点，如果用好了会怎样。再次，我说具体的方法和要点。最后，我要用总结和练习让学员将理论在实际中进行应用和检验。我要讲的课程可以归为四种，工具传授型只是其中的一种，每种都有它固定的结构。

常见的四种课程

常见的课程有四种：第一种是任务技巧型，第二种是解决问题型，第三种是工具传授型，第四种是知识应用型。

根据这四种课程，我对一些课程进行了归类（见表3-3），大家可以参考一下。

表3-3 常见课程的归类

学习课程	任务技巧型	解决问题型	工具传授型	知识应用型
1.利用3A诊断表快速排查电路故障			√	
2.城乡居民医保常识				√
3.又快又好地搞定项目WBS（工作分解结构）	√			
4.继电保护原理				√
5.一节课教会你心肺复苏	√			
6.克服拖延症的三个方法		√		
7.如何写好工作总结	√			

比较容易混淆的是第三个课程。不少伙伴容易将其归为工具传授型，他们的理由是WBS是项目管理的工具，但是制定WBS的过程是一个任务，这里的重点并不是教WBS本身，而是如何完成快速制定WBS这一任务，所以这种课程归到任务技巧型更合适。

我之所以希望大家归类正确，是因为每种课程与其对应的结构是不同的，这就意味着教授不同类型的内容，最好按照与它适配的结构展开教学，这样做让讲师既省力又有效。

任务技巧型

这种课程侧重于支持学员完成一个工作任务或子任务。常规的结构是首先给一个场景，其次介绍这个任务的流程/步骤，以及在这个流程/步骤下的一些方法和要点，最后进行总结和练习（见图3-6）。

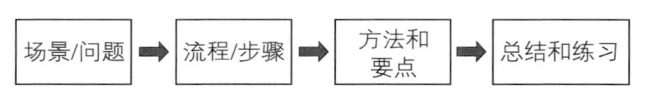

场景/问题 ➡ 流程/步骤 ➡ 方法和要点 ➡ 总结和练习

图3-6 任务技巧型课程结构

例如，讲师教学员给他人做心肺复苏这个任务。

场景/问题

讲师需要给出一个有人突然晕厥的图片或案例，让学员意识到心肺复苏离大家并不遥远，而且很有必要学习。

流程/步骤

首先了解心肺复苏是什么，它为什么有效。

其次是操作的基本步骤：胸外按压—打开气道—人工呼吸。

方法和要点

每步的操作要领和常见误区。

总结和练习

线下课程可以直接对真人或模拟人体道具实施人工复苏。

线上课程需要找一个模拟人体道具进行操作,然后由讲师进行点评。

解决问题型

这种课程侧重于帮助学员解决遇到的明确的问题,所以跟任务技巧型课程略有不同,讲师不需要给予学员完整的任务流程,只需要剖析和解决问题即可。常规的流程是首先呈现问题痛点,其次对原因进行剖析,指明根本原因或者主要原因,再次给予解决方法,最后以总结和练习的形式对所学内容进行检验。这种课程大家比较熟悉,我就不再展开了(见图3-7)。

问题痛点 ➡ 原因剖析 ➡ 解决方法 ➡ 总结和练习

图3-7 解决问题型课程结构

工具传授型

这种课程侧重于介绍工具的应用。因为学员希望借助工具解决问题,所以讲师应该先给场景和问题。例如,讲师可以问学员有没有遇到过这样的问题。首先，展示工具的特点和使用效果，其次通过讲解和示例告诉学员具体的使用方法，最后以总结和练习的形式检验学员是否掌握工具的应用要领（见图3-8）。

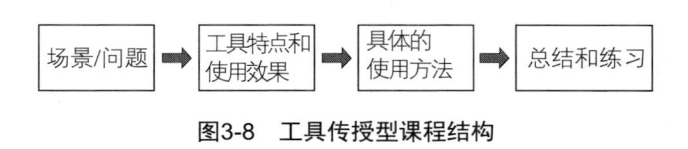

场景/问题 ➡ 工具特点和使用效果 ➡ 具体的使用方法 ➡ 总结和练习

图3-8　工具传授型课程结构

知识应用型

这种课程侧重于理解和运用学员所学的知识点。我建议的流程是首先给出场景/问题，阐明不掌握这个知识点的危害和掌握这个知识点的好处，让学员对应用情境形成认识，其次解析知识的要点和应用指南，最后以总结和练习的形式对所学内容进行检验（见图3-9）。

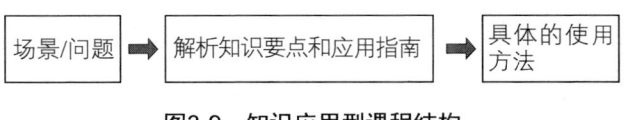

场景/问题 ➡ 解析知识要点和应用指南 ➡ 具体的使用方法

图3-9　知识应用型课程结构

这看上去不难，然而我在辅导学员开发互动直播课过程中发现问题最多的就是知识应用型课程。接下来我举一个案例进行说明。

某手机企业原来的产品培训课件，上来就介绍芯片的功能和参数、摄像头的优越性能，以及中间漫长的研发过程等。这就是典型的以自我和产品为中心的知识型课程。上完课的巩固和跟进主要书面考试加产品功能和配置的面对面抽测背诵，整个过程就像小学生背课文和期末考试一样，让培训部工作人员和学员每次都感到精疲力竭、苦不堪言，事后发现实战效果并不好，因为培训师遇到真正产品问题还是要上官网查询或者咨询官方客服。

我建议他们按照上述逻辑对课程结构改变之后，在互动直播课上，讲师上来就抛出推广新品过程中销售人员小明所遭遇的问题。客户压根不问参数，问的都是一些很实际的问题。首先是跟竞品的对比，其次是索要优惠和跟隔壁店铺的对比。这些问题小明统统答不上来，最后客户流失。

首先，讲师应该教会销售人员应对此类问题的套路和招数，具体分为讲优势、精对比、扛压价三个场景。其次，讲师应该给学员展示示例，因为它是知识基于应用场景的使用指南。最后是多轮的模拟演练。互动直播平台提供了分组聊天室的功能，讲师可以将学员设置成三人一组的形式。我提供了标准的演练评分表（见表3-4），方便大家演练完进行自我对照和改进。

表3-4　销售人员应对客户问题的套路和招数

场　　景	演练评分点	Y/N
扛压价（部分）	是否能够通过探询确认客户是否确有购买意向？	
	是否能够自然过渡到运营商套餐、分期或者以旧换新？	
	对话过程是否给客户感觉处处为客户着想	
精对比	略	
打压价	略	

大量的保险产品知识、检验检疫知识、电路原理、安全生产知识等都存在一个问题，即没有从学员的业务场景出发设计课程结构，而从讲师自我为中心的角度鼓吹知识原理本身和参数等要点，结果学员学完不知道该怎么用，很快就遗忘了。知识型课程一定要先探究"学来干啥"和"如果不学，会有什么状况"这样的问题，才能帮助讲师克服知识堆砌的问题，这一点在学员注意力非常匮乏的线上直播课中尤为重要。据我观察，面授课85%的内容都是过量的，到了线上，这一数据增长为98%。如果讲师不从学员应用的角度去规划知识内容，过量是必然的，这一问题值得所有讲师注意。

大家有没有发现，这四种课程结构实际上有很多共通的地方？即这些课程结构都从问题或场景出发，以总结和练习的方式收尾，有情境刺激，有检核评估，这就是ABCD绩效目标表达法落地的必然要求。中间的部分根据课程的不同而有所区别。例如，针对工具传授型课程讲师侧重于教授工具，所以上来就要讲这个工具的特点和用好了会怎样。

另外，还有一个重要提醒是这里所说的课程结构，适用于一个30~60分钟的课程模块，也可以是一个微课。如果讲师的在线课程比较长，就需要切分成不同的课程单元，而每个课程单元需要依据自身特点确定相应的课程结构。也就是说，课程单元一可能是知识应用型，课程单元二可能是解决问题型，课程单元三可能是工具传授型……所以请大家不要机械性地照搬我的理论，而应该在理解透彻之后对这些内容进行灵活运用。例如，对于一场线上销售新品培训课来说，新品知识单元是知识应用型，推广过程中的异议处理是解决问题型，而筛选客户单元则是工具传授型。

第四章

互动力——让学员坐得住之一（上）

如果血和肉是内容，骨架是逻辑，那么互动是裹在人身上的一张皮。如果内容和逻辑还没有梳理好，互动时就会发现活动后形式大于内容。当内容相对完整时，互动就可以很好地传递内容。当然，有时我们是没有办法将内容和互动完全分开的，但是大部分时候总是先有内容后有跟它匹配的教学形式。

接下来我们将通过文字体验一个简单的开场活动——图片感言。

我在屏幕上分享若干张风格各异的图片（见图4-1），邀请参与会议或者培训的伙伴打开ZOOM或者瞩目的注释标注功能，每个人根据图片给出自己的第一印象，在最喜欢的图片旁边标出一个"√"或者五角星；再邀请每位伙伴在聊天区公布自己所选择的图片，并发表感言。这时大家很快就会在聊天区热络地聊起来。从一张图片开始，聊出自己的异域旅游经历和见闻等，这就很好地起到了激活气氛、连接学员的作用。

图4-1　图片

图片感言也可以在中场时使用，让学员根据某个概念挑选一张图片，代表自己的理解，还可以在结束时使用，让学员挑选一张图片代表自己的收获和感想。总之，以图片为媒介激发大家的联想和表达欲。这个活动我在面授课也经常用，通常是给每组分发一沓风格各异的明信片，让大家挑选。面授课的好处是明信片更多，摊开在学员的桌面上，有一种扑面而来的视觉冲击，以及可以触摸到一张张实体的明信片；而线上的优势在于大家做出的选择和表达的意见可以一下子展示在聊天区里被所有人看到，这是在面授课上做不到的。

图片感言恰恰说明了互动直播课里教学互动的鲜明特色：

- 完全可以借鉴面授课的做法；

- 相比面授课在有些方面有所欠缺，但在另一些方面有所超越。

所以，互动直播课的交互空间是很大的。

国内外有不少谈及教学活动与互动的图书，其中一个非常普遍的做法就是分享活动，列举海量的活动给学员模仿。然而，这些活动没有一个整体的指导思路，即学员不知道如何基于自己的课程编排来安置这些内容，就好比学员拿到了一堆建筑材料，却没有施工图纸，结果真到盖房子的时候，还是造不出自己的房子。所以，我通常会帮助学员先梳理思路，把学习活动应用的场景分成两类（见图4-2）。

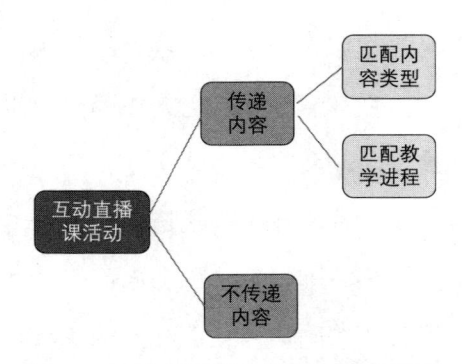

```
                    ┌─ 匹配内容类型
            ┌─ 传递内容 ─┤
互动直播课活动 ─┤          └─ 匹配教学进程
            └─ 不传递内容
```

图4-2 互动直播课活动的两大应用场景

互动直播课活动的两大应用场景是指传递内容和不传递内容。有时互动是为了配合巩固、强化或体验教学内容，需要将新的内容传递给学员；有时互动是为了激活学习氛围或者让学员放松一下，或者对前面的内容进行回顾，并没有新的内容传递给学员。在传递内容的场景下，又可以细分为两种，一种是与教授内容类型相匹配的活动，另一种是与教学进程相匹配的活动。本章我们将逐一展开讨论。

第一节
学习内容的三大分类

我们教授的课程内容虽然不同，但基本上可以归为知识、技能、态度三大类。了解我们的课程主要教什么，就可以因地制宜地根据其规律和特点安排最有效的教学方法，帮助学员学得更快。

什么是ASK

美国教育学家布鲁姆在20世纪六七十年代提出学习内容分成三类：知识（Knowledge）、技能（Skill）和态度（Attitude），简称ASK。知识解决是什么（What）的问题，技能解决怎么做（How）的问题，而态度解决为什么做（Why）的问题，即意愿的问题。

为了让大家更好地认清学习内容，我提供了一个小练习帮助大家理解（见表4-1）。关于生活中十分常见的驾驶主题，我列出了6个场景，大家可以根据自己的理解，具体区分知识（K）、技能（S）还是态度（A）。

表 4-1 驾驶主题小练习

学习目标	类　别
识别常见的路标（如止步、放行等）	
正确系好安全带	
每次驾驶系好安全带	
使用千斤顶换轮胎	
对前方车辆打滑做出反应	
限速驾驶	

我们来核对一下答案：

识别常见的路标（止步、放行等）是知识。

正确系好安全带是技能。

每次驾驶系好安全带是态度。

使用千斤顶换轮胎是技能。

对前方车辆打滑做出反应融合了知识和技能。这里的技能很明显，而存在知识的原因是要判断车距，即估算你的车离前方车辆有多远，而且车处在一个什么样的状态需要调动你的大脑和运动神经迅速地做出反应。

限速驾驶则融合了知识和态度。因为驾驶人要知道这个限速的区间是多少，尽管这只是很简单的信息，驾驶人还是需要具备良好的驾车习惯。

通过以上练习，你会发现其实一些看似简单的行为背后都有平时没有意识到的知识、技能和态度，有了这三者的相互支撑才能完成一个任务。那么，在完成一个任务的过程中，知识、技能和态度的关系是怎样的呢？

ASK的金字塔关系

我认为，ASK是一个金字塔关系（见图4-3）。态度是底层的，有时你甚至觉察不到态度对你的重要性，但是我们做很多事确实需要以一个正确的态度为支撑，就像我们前文提到的限速驾驶、系好安全带这样简单的行为。金字塔的中层是知识，我们完成所有的技能，几乎都有知识作为支撑。例如，千斤顶换轮胎，即使跟着示意图一步步去做，背后也蕴藏了丰富的知识。例如，力臂和力矩的知识，以及车子需要挂空挡等。金字塔的顶层是技能，即有了态度和知识的支撑，技能才得以实现。

在日常工作和生活中，我们可能会学一些套路，简单地照猫画虎，导致结果不是那么好，原因就是态度和知识出了问题。

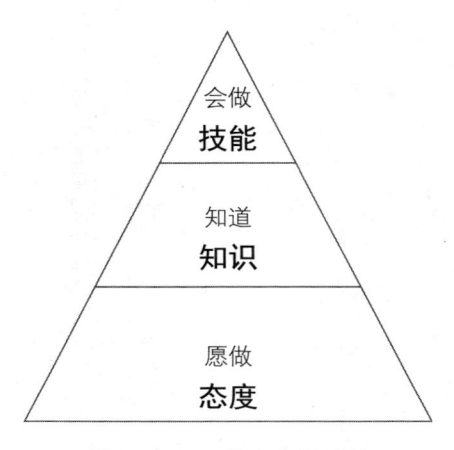

```
       会做
       技能

      知道
      知识

    愿做
    态度
```

图 4-3　ASK的金字塔关系

态度是信念、价值观，决定了我们愿不愿意做这件事。在我的互动直播课训练营里会逐一剖析每个学员的课程主题。例如，克服拖延症这种自我管理的课程主题，态度肯定是很重要的；对于新时代的党建课来说，态度也是很重要的，因为是否认同党性原则是其核心，当然该课程主题也有知识的部分，而基本没有技能；如何提升学习记忆主题课程则是侧重知识的，只不过知识要怎样为学员创造价值、为学员所用也是需要一些技能的。4D赋能领导力主题课程则属于软技能。

例如，技能还可以分为两类，一类是思维类技能，另一类是动作类技能。思维类技能就是大家怎么去想这件事，决策、分析、解决问题，主要是在脑子里完成的。而动作类技能类似于运动技能（如打球），肯定要涉及全身的骨骼、肌肉。

例如，针对销售人员和客服人员的培养，必然涉及说话。很多人认为，说话只跟内在的知识储备和脑子好不好使有关，其实不是这样的。只有练多了，舌头跟嗓子的那个部位肌肉才能协调配合，形成肌肉记忆。因此人际沟通技能很多时候是智慧技能和动作技能的组合，而并不是你想象的脑子好使就能把话说得很到位，让人听着很舒服。

第二节 根据所教内容搭配活动

ASK的教法

了解学习内容的三大分类后,我们将探讨它们各不相同的教法和评估要点。

知识的教学要点主要以多次重复来强化学员的记忆,让学员在评估的过程中能够完整地表述它们。为什么我们从小到大经历的各种考试都是以记忆为主呢?在认知天性中,记忆是一个非常重要的前提。虽然记住不代表一定会用到,但是如果记不住知识,那显然没有办法熟练运用。

举个例子,川航机长能够在危急的情况下正确地处理紧急事故。在危急的情况下,机长现查手册肯定是来不及的,所以作为一名优秀的飞行员，要对飞机操作和意外状况的处理等知识和指引烂熟于心，需要时不假思索地调取出来。

知识要放到具体情景中加以运用，而不是简单地记忆。例如，考查学员是否理解了企业的核心价值观。与其复述，不如让他在一个真实的情景里完成一个任务，这种方式更加科学，效果也更好。我曾经给华为外包渠道销售人员上企业文化课，就是围绕他们给渠道客户宣讲，跟客户互动这种情景，让他们把华为的"快、大、高、强"以及以客户为中心的理念讲清楚。对于学员来说，能够在一个真实的情景中应用所学到的知识是非常重要的。

技能是能够展示出来的动作行为，所以讲师教学的要点就是解释、示范、演练和反馈。"听我讲一遍、看我做一遍、你来做一遍、反馈改一遍"是我在宝洁工作时所使用的EDAC四步带教法。对此，各个企业有不同的叫法，但评估时都是看行为结果和过程的精确性：结果是否做出来了，以及是怎么做的。这就如同考试判卷，通常老师不仅会看最后的答案，还会看推导的过程，评估这个过程是不是准确，是不是简便，学生是否清楚地理解了考题涉及的原理、知识、考察点、规律——这就是技能。

有关态度方面的教学要点，大家都有这样直观的感受。我们从小到大，关于安全驾驶和安全生产的教育，多半是让我们看血淋淋的照片，告诉我们不安全驾驶会造成人间惨剧。这揭示了态度的教法是通过强烈的冲击和体验去颠覆我们的原有认知，从而引发我们信念上的松动。以下介绍两个例子。

母亲节这天，昆明一所小学邀请一些小朋友去参加一个聚会。一开始小朋友就坐在那儿，过了一会儿，他们看到自己的父母也来了。看到他们，小朋友全都大吃一惊，因为父母都被化妆成了20年后的样子：他们老了很多，头发苍白，脸上都是皱纹。在这种情况下，学校安排了小朋友与自己的父母拥抱，然后为父母写一封信。这是一个很好的体验式教育。你会发现，小朋友平时从没有想过父母垂垂老矣之后会是什么样子，但是现在这个情景就摆在他们面前，给他们产生了强烈的冲击。这时再去宣讲孝敬父母、努力学习、好好生活等，他们会很欣然地接受并真正理解其中的意义。

上海有一家死亡体验馆，在那里你可以体验整个死亡的过程，甚至最后进入焚尸炉里去火化。可以想象，当一个人在哀乐和肃穆的气氛中感受自己的生命走向终结，会给他带来多么大的冲击和触动，让他深刻反思和体察自己的价值观。所以，针对态度的评估，主要是让学员在自愿非胁迫的情形下做出选择，一般可以采用量表的方式，同时注意听其言、观其行，最终还是从其行为来看其态度的松动和变化。

适用于ASK的直播学习活动

与K有关的活动

出题检测

讲师不讲解知识内容，由学员对照屏幕或者学员手册进行简短阅读和自学，然后讲师提供选择、是非判断等方式让学员接受检测，学员自己把握知识的掌握程度。

经历反思

讲师根据课程内容、知识要点，回顾真实工作或生活情景，反思在情景中的体会和挑战。

图形化记录

讲师在学员手册上提供图形化的模板。例如，金字塔图、汉堡包图、脑图等，要求学员在听课过程中按模板记笔记。

画线连线

讲师将知识内容做成文字描述或者连线题，让学员根据理解来画线或标出相关部分进行连线搭配。

选词填空

讲师在学员手册或PPT上挑选出重要的知识和概念，做成填空或者提供答案的趣味选填模板，然后依据课上互动，指导学员完成填空。

讲课+检测

做5~8分钟的知识内容讲解，在学员手册上提供判断、选择、改错、概括等练习方式以检验学员的听讲和吸收效果。

自学+检测

讲师让学员自己阅读和消化内容，然后提供选择、判断、简单、出题等方式检验学员的自学成效。

知识传授的要诀在于：讲师不要把学员的头脑填得太满，要留出一些空间，让学员根据听讲和理解进行补充或者加工处理。

与S有关的活动

实操体会

讲师不教，学员先自行探索技能、工具的使用，得出自己基于体验的问题和难点，以便更有针对性地听讲。

图文搭配

图文并茂，讲师进行标注以说明工具设备的使用要点，然后打乱次序，让学员重新组合搭配。

实操练习

学员进行实践或者模拟操作，讲师观察实践过程或结果，并给予反馈。

小组演练

讲师将学员分成若干小组，提供清晰的指导，每个小组分别开展案例研讨或者角色扮演，然后再回到直播室进行分享和交流。

案例演练

讲师给予学员案例背景，学员基于案例背景进行分析或者操作，然后跟其他学员或讲师进行核对。

学员互评

演练完毕，学员之间相互点评和反馈，在会做的基础上加深理解和认知。

示范操作

讲师对技能要点给予实操演示，对动作类技能可以进行实操演示，对思维类技能可以给予案例和思路的展示。

技能的教学要点如前所述，还是紧扣解释、示范、演练、反馈的经典四步法来展开，重点是让学员不断实践并得到针对性反馈，以便改进。

与A有关的活动

榜样对照

讲师列举正面或负面榜样的事件和行为，让学员罗列这些事件和行为分别契合或者违背了哪些理念。

视频/故事

讲师通过视频/故事演绎冲突的场景，在其中融入正向/负向的价值观。

看图猜意

讲师用图片、简笔画等表达一系列理念，请学员猜出其背后表达的意思，以加深印象。

Dos/Don'ts清单

讲师给学员列出或者请学员自己列出行为清单，从中选出可以做的或者不可以做的。

恍然大悟

讲师带领学员做一些短平快的体验活动，引导出一些理念，给学员以冲击并留下深刻印象。

意愿度量

讲师将践行价值观词条的意愿做成刻度尺，请学员从1到10打分以表达自己的意愿。讲师和学员能够一起看到目前的意愿水平。

对于讲师来说，态度教学是一个难点，直播活动的目的是加强学员的体验，并且辅助学员表达其行为倾向。

第三节
根据教学进程编排活动

大家都学过骑自行车吧？请回想自己当年是如何学会骑车的。这个问题我在互动直播课训练营上问过学员，大家提到的比较多的答案如下：

- 撞上了一棵大树就学会了拐弯。

- 先借助辅助轮骑车，再让大人扶着骑，最后自己就会了。

- 尝试，失败，继续尝试，成功，乐此不疲，尝试花样。

- 好像也没有人教，多多练习。当时的自行车还是二八大杠，先学会滑，再上大杠。

- 学自行车先学会摔跤。

体验的作用

发现共性了吗？大家都是在尝试和挫折中学会的骑车。通过回想骑自行车的经历，就能印证体验在学习中究竟扮演了什么作用。哈佛大学教育心理学教授大卫·库伯提出了体验学习圈的理论。他指出，人们的自然学习往往是从体验开始的，有了体验，才开始反思，之后才有理论的指导，然后才是自己在更高的起点上再次进行实践和巩固。就像骑车，一开始先尝试，感受自行车的平衡，在这个过程中可能会摔跤，会发生一些轻微的事故，然后我们开始去想问题出在哪里。如果大人或者师傅再教授动作要领，自己顿悟之后就会再继续骑车进行尝试。

体验学习圈的理念给我们最大的启发是，在教学过程中，先体验、再讲解、后练习，三者缺一不可。直播课程设计也是一样的，有引入的部分，我称之为勾，即勾起学员的兴趣，让学员明白学习的价值。学员练习完毕后，通常有对整个学习模块的小结与核查，我称之为查。因为是互动直播课训练营，所以讲师通常需要布置课后作业并给予辅导点评，我称之为评。这就是我总结的互动直播课的六段教学法：勾—引—学—练—查—评（见图4-4）。六段教学法融合了加涅的九大教学事件和梅瑞尔的五星教学法，同时适应了互动直播课的特点，添加了课后作业检核和辅导点评的部分，形成了一个更加完整的促进落地的学习闭环。

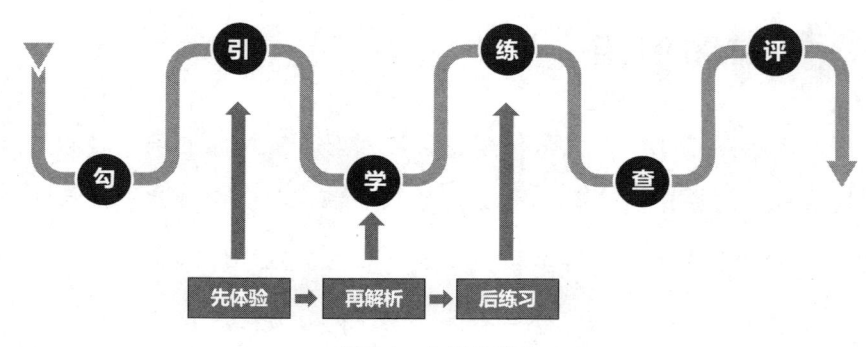

图4-4 六段教学法

针对之前阐述的内容，请大家做一个练习：教人包饺子。图4-5显示了教人包饺子的四种方案，请选出你认为最好的方案。

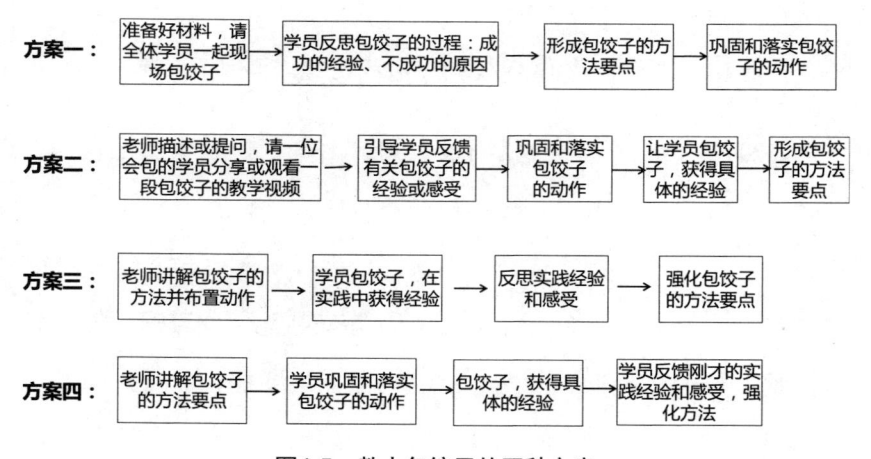

方案一：准备好材料，请全体学员一起现场包饺子 → 学员反思包饺子的过程：成功的经验、不成功的原因 → 形成包饺子的方法要点 → 巩固和落实包饺子的动作

方案二：老师描述或提问，请一位会包的学员分享或观看一段包饺子的教学视频 → 引导学员反馈有关包饺子的经验或感受 → 巩固和落实包饺子的动作 → 让学员包饺子，获得具体的经验 → 形成包饺子的方法要点

方案三：老师讲解包饺子的方法并布置动作 → 学员包饺子，在实践中获得经验 → 反思实践经验和感受 → 强化包饺子的方法要点

方案四：老师讲解包饺子的方法要点 → 学员巩固和落实包饺子的动作 → 包饺子，获得具体的经验 → 学员反馈刚才的实践经验和感受，强化方法

图4-5 教人包饺子的四种方案

我认为，相对来说，方案一比较好。

方案一是先请学员尝试包饺子，学员体验之后进行反思，然后讲师才给予包饺子的方法要点，最后请学员继续实践，这是一

个标准的体验式学习。与其形成鲜明对比的是方案四,这是学校的学科教育中比较常用的方法:先讲理论要点,之后让学生去做,学员获得经验之后,再进行强化。这种方案会让学员缺乏耐心,听完讲解后流于形式,体会不深。

其他两个方案介于两者之间。

适用于引、学、练的直播学习活动

我们将知识、技能、态度与先体验(引)、再讲解(学)、后练习(练)组合变成了一个九宫格(见表4-2),它可以指导我们进行比较精准的互动活动规划。

实操体会是一个支持技能教授的活动。例如,教授学员静物摄影,可以让学员在房间里拍一张照片上传,然后大家互相评价,这就是触发大家先感受静态摄影中构图的一个简单体验活动。讲解部分则可以给学员示范静态摄影的操作要领或者提供图文分步操作详解让学员对照。练习部分可以让学员实际操作,也可以将学员分成不同小组,让学员分享照片并互相点评。

表4-2 互动活动规划九宫格

	先体验	再讲解	后练习
知识	出题检测 经历反思	自学+检测 讲课+检测 选词填空 画线连线 图形化记录	出题检测 画线连线
技能	实操体会 经历反思 视频/故事	示范操作 图文搭配	实操练习 小组演练 案例演练 学员互评
态度	恍然大悟 视频/故事	榜样对照 看图猜意	Dos/Don'ts清单 意愿度量

互动直播课训练营的一位学员课题是"三招教你克服拖延症"。他希望在开篇部分引发学员的共鸣，于是直接向大家提出了一个问题："你的年度目标完成了多少？"请大家直接连麦说出答案或者发送答案在聊天框里，而大家的参与度非常低。我建议把目标的完成情况视觉化，让大家在相应的位置添加星标或者其他约定的符号（见图4-6）。这种做法让学员更容易表达自己的意见，而且对学员的答案分布大家可以一目了然，方便对标自身，整个活动的趣味性也会明显增强。

这样的小活动，可以用在任何你希望学员表达自己意愿、程度、水平的情景。例如，开场的学员水平调查、中间的某个知识点的了解程度调查、最后的应用意愿或者信心指数调查等。

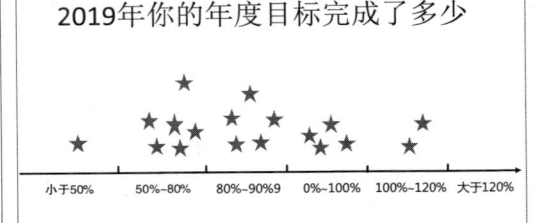

优化前　　　　　　　　　　　　优化后

图4-6　视觉化目标完成情况

互动直播课训练营的这位学员在讲完拖延的一些心理学原理后，希望让大家联系生活回想例证，以便为后续的"面对拖延症的心理误区"内容做铺垫。他提出三个循序渐进的问题，分别是："你一般在哪些事情上拖延？""这些事情都有什么共同特征？""你在拖延时，通常干些什么？"所有学员需要同时在三个问题上展开思考，并将所有答案回复在文本框里。这会导致不断刷屏，答案不可见。我的优化建议是把屏幕设成三分屏，把大家随机分成三组，请大家依据分组，同时在屏幕上输入自己的答案（见图4-7）。这既提升了学习效率，也调动了学员参与的积极性，还会让学员看到不同伙伴对不同问题的习惯做法。

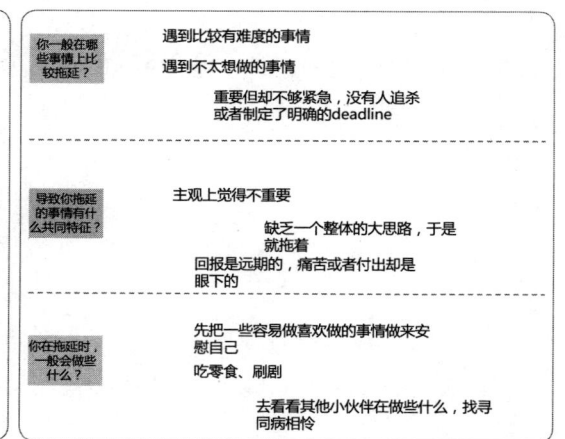

联系生活

- 你一般在哪些事情上拖延？
- 这些事情都有什么共同特征？
- 你在拖延时，通常干些什么？

优化前

你一般在哪些事情上比较拖延？	遇到比较有难度的事情 遇到不太想做的事情 重要但却不够紧急，没有人追杀或者制定了明确的deadline
导致你拖延的事情有什么共同特征？	主观上觉得不重要 缺乏一个整体的大思路，于是就拖着 回报是远期的，痛苦或者付出却是眼下的
你在拖延时，一般会做些什么？	先把一些容易做喜欢做的事情做来安慰自己 吃零食、刷剧 去看看其他小伙伴在做些什么，找寻同病相怜

优化后

图4-7 优化前后的问题回复情况

因此，互动直播课首先要根据学习内容来匹配合适的活动，其次要区分教学进程，在不同的环节挑选不同的做法。本章梳理了20余种活动，但活动种类远不止这些，希望你在熟练领会这些活动的基础上，继续加工和编排自己的学习活动。

第五章

互动力——让学员坐得住之二（下）

互动力是互动直播课的一大核心和特色,它高度依赖于直播互动的载体。本章我们来拆解五大在线直播互动载体,然后对不传递内容的五大互动关键时刻和在线分组讨论的开展进行介绍。

第一节 五大在线互动直播载体

共享屏幕

讲师与学员或者学员之间共享屏幕，可以全屏共享幻灯片（PPT），或者同步在屏幕上标注和书写等。例如，瞩目这样的平台，共享屏幕的功能十分完善。

共享屏幕对于直播课开展互动活动十分重要，它不仅支持学员在屏幕上进行标注，还支持讲师对于在线操作（如制作好的PPT、编程、网络应用）等进行同屏展示。很多讲师比较常用的是屏幕展示，但较少使用屏幕同步标注。其实，让大家在屏幕上涂涂写写，不仅可以增加大家的参与感，还可以强化大家的同步感。善用这项功能，可以对很多教学动作和玩法进行创新。

对话聊天

对话聊天是在聊天窗口通过文字快速地交换信息。在学习过程中，互动直播平台通常提供两种类型的对话方式，一种是公聊，即讲师说的话，所有人都能看见。另一种是私聊，即讲师跟某个特定对象进行交流。私聊对学员很有意义。某个学员可能没太明白讲师讲到的某个部分，或者可能有一些感受想表达又不方便把它放在公屏上，这时就可以选择私聊。在私聊的过程中，学员既释放了自己的压力，也参与了讲师的活动。

在面授课中，有经验的讲师能够通过眼神、表情、身体姿态或者举手等方式快速知道学员是否理解自己所讲的内容。但在互动直播课里，由于讲师看不到学员，因此很多时候就要通过聊天的方式了解学员对知识的掌握情况。对话聊天还可以快速收集学员的意见和感受，让学员不受拘束地表达自己的看法。所以我鼓励讲师在线上培训时养成经常跟学员索要"111"等回复的习惯，以便及时得到他们的反馈。

连麦分享

连麦分享是把语音分享的机会给特定的学员，让他们发表自己的意见，其他学员进行聆听。这个过程类似于线下培训的意见分享。在连麦过程中，开不开视频都可以。在对话聊天和屏幕共享的过程中也可以让学员发表自己的意见。比起打字，连麦的好处在于，它可以让学员分享更加复杂和深入的信息。另外，有些学员在课堂上很想发表自己的意见，而连麦分享给了他们一个可以尽情表达的机会。

比起线下培训，在线课程时间比较短。连麦分享比较耗时间而且相对单向，讲师需要注意对时长的把控。

网络视频

网络视频要求大家打开摄像头，让所有人在某些环节能够看见彼此，这样会有更好的现场感和对象感。它还可以展示面部和身体的动作，如对于销售或客服等岗位的学员，让他们看到讲师的面部表情及肢体动作是十分重要的，网络视频就为这些领域的教学互动与模拟提供了支持。

我在教学实践中发现，只开启网络视频就可以做很多有趣的活动，如哑剧接力和烫手山芋等。

学员手册

学员手册是支持学员学习听讲做笔记和课后复习的要点手册，在线下课程中比较常见。实际上，互动直播课更需要学员手册。因为其中的很多内容并不需要学员跟其他学员进行互动，讲师只需要给学员提供一个载体，让他自己去消化、反思，完成一些挑战。一般我会采取挖空补全、选词填空、连线搭配等方式故意在学员手册上设计空白点，让学员随着教学的进度把手册补充完整。

根据我的经验，学员手册还能有效提升学员学习的成就感。一本厚厚的印制精美的学员手册拿在手上，学到哪记到哪，处处留下自己的学习印记，等于给了学员一个强烈的心理暗示，这是自己的学习成果和深度参与的见证。这说明有形的纸张比虚拟的课件更容易让学员感到踏实和有收获。

有了这五大在线互动直播载体（见表5-1），就可以回顾一下，上一章我们分享的几个经典活动都要用到哪些载体来支持。

表5-1 五大在线互动直播载体对比一览表

	优　点	注意事项	线下类比
共享屏幕	•所有人可见； •支持所有人共同参与创作； •便于同屏展示	•需要对学员进行版面和书写要求的指导； •比较复杂，需要提前熟悉用法	讲师和学员共用的一块超大白板

续表

	优　点	注意事项	线下类比
对话聊天	• 简便易用； • 双向沟通效率高	• 输入信息量有限； • 容易刷屏，难以翻查	随意发言，与邻座说悄悄话
连麦分享	• 简便易用； • 便于学员分享复杂/有深度的信息	• 耗时； • 比较单向	起立进行分享
网络视频	• 提升现场感和对象感； • 支持特定技能教学和演示	• 容易受到网络信号影响； • 有时可能不方便打开摄像头	肢体动作和表情展示
学员手册	• 支持学员学习和复习； • 便于调动学员以个体为单位进行参与	• 需要经过设计编排； • 知识信息容易泄露，有传播风险	学员手册

图片感言

图片感言主要用到共享屏幕，以便学员做出标注、挑选和对话聊天，让学员将感受和心得分享给其他人。

图形化记录

图形化记录主要用到共享屏幕和学员手册。讲师让学员在学员手册上填充完成图形化的模板，给他提供一个金字塔图形或者流程图，让他对其中的某些部分做补充，然后通过共享屏幕让他将正确答案与自己所写的答案进行对照。

意愿度量

意愿度量主要借助共享屏幕让学员进行标注，做出满足所有人意愿的可视化表达。

按照同样的思路，我们把上一章介绍的活动找出来看一下，就能够确认需要用到哪些载体。通过上面三个示例不难发现，共享屏幕是互动直播课中常用且好用的一个载体，不少活动都离不开它的支持。

第二节
不传递内容的五大互动关键时刻

前面我们着重讲了如何使用教学活动配合内容传递，鼓励学员积极参与其中。你是否意识到，还有很多时候，使用教学活动不是为了传递新的内容，而是需要用活动让学员放松或者复习巩固？这里我将其称为五大互动关键时刻。

这五大互动关键时刻包括候场、开场、激活、复习、总结（见图5-1）。

候场 开场 激活 复习 总结

图5-1 五大互动关键时刻

候场

正式开课前,讲师等候其他学员陆续加入的过程。

开场

正式开课后的最初时间,讲师希望能够带领学员快速实现与自己和内容的连接。

激活

在学员能量较低的时刻,讲师应该帮助他们提升学习状态。

复习

一小节或者一堂课学完后,讲师需要对所讲内容进行小结与巩固。

总结

在整个课程结束前,讲师需要对整体内容进行回顾或者鼓励学员对课上内容的课后应用。

在我和孙波老师的另一本《"动"见学习体验》中,详细介绍了开场活动、结束活动、复习活动的方法和示例。在本书中,由于主题和篇幅的限制,就不再赘述。下面我将针对互动直播课的场景,提供十个活动供大家体会和参考,有兴趣深入了解的读者可以仔细阅读《"动"见学习体验》。

📶 候场活动

候场活动1：找不同

找不同是我们从小就玩的游戏。讲师可以提供两张有细微差别的图片（见图5-2），让学员打开标注功能，把其中的不同挨个标出来。网上能够找到大量这样的图片。这个活动很方便操作，只是讲师需要提前准备大量风格各异的此类图片。

图5-2 找不同

候场活动2：表情符号（emoji）猜猜猜

由于网络聊天的兴起，emoji语言开始受到年轻人的追捧，因此年轻群体更喜欢这个活动。具体来说，就是给出一些emoji表情包，然后让学员猜各种类别的事物（见图5-3）。例如，猜城市、成语、歌名、美食、电影等，只要讲师肯动脑筋，创意就是无限的。

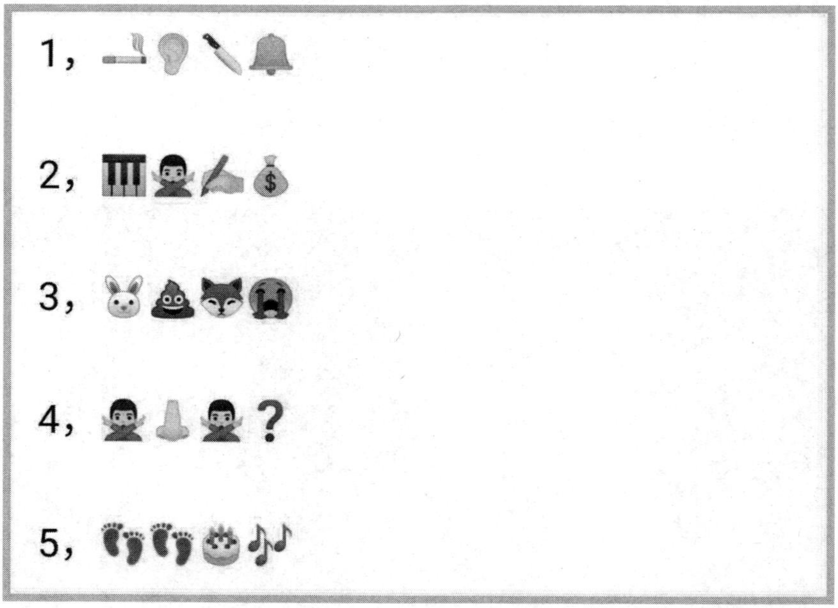

```
1, 🚬 💡 🔪 🔔

2, 🎹 🧛 🤛 💰

3, 🐰 💩 🐺 😭

4, 🧛 👃 🧛 ❓

5, 👣 👣 😺 🎵
```

图5-3　emoji猜猜猜

候场活动3：数学题

如果学员来自研发、技术等岗位，讲师还可以提供趣味数学题让他们开动脑筋，热热场。例如，各种火柴棍游戏，动一笔让等式成立，观察数字规律填空等。

开场活动

开场活动需要加深学员之间以及学员和讲师之间的连接，而且在线开场活动更需要小而精，且要快进快出。

三真一假

这是我们从鲍勃·派克那里借用的经典开场活动。讲师设计一页PPT，罗列自己身上的四个事实，其中三个是真的，一个是假的，然后让学员猜出哪个是假的。讲师可以邀请学员在屏幕上标注意见或者将答案输入文本框里。例如，我的一个三真一假的版本可能是：

A. 曾经定居在上海并拥有上海户口

B. 考驾照考了三次才通过

C. 小学期间就写过科幻小说

D. 国内省份只有吉林和黑龙江还没去过

答案是A，我确实在上海定居过，可是当时并没有上海户口。

隐喻开场

你有没看过美国经典电影《阿甘正传》？影片开场就是阿甘坐在公交车候车座椅上，念念有词地说："我妈妈曾经告诉我，生活就像一块巧克力……"借鉴这样的创意，讲师可以将主题设计成若干个奇特的比喻句，给出上半句，要求学员接出下半句，以使得它顺理成章。例如：

互动直播课就像一堵墙，因为……

面授课就像一场舞会，因为……

领导力就像一盒巧克力，因为……

客户服务就像一顿丰盛的早餐，因为……

激活活动

哑剧接力

这个活动要求学员打开摄像头但不说话，只靠面部和身体完成一系列动作。具体规则是，讲师做一个动作，如刷牙，然后指定下一位学员A接力，要求他在理解自己所做动作的基础上承接下去。例如，漱口或者洗脸，让大家明白这是早晨在盥洗室洗漱。接着，学员A可以另做一个动作，指定学员B承接。每个人都承接上一个人的动作，然后自己新做一个动作并指定下一个人承接。这样就可以组成一个完整的哑剧。

注意事项

- 整个过程除了指定次序时可以叫对方名字，其他任何时间都不可以说话。

- 活动结束时，可以邀请大家在文本框中打字，让大家辨认刚才哑剧接力所演绎的动作都有哪些。

- 根据剩余时间和人数决定多少人参与和什么时候停止，一般有6~8位参与者，活动互动时间是5~8分钟。

对口型

这个活动有两种做法：一种是给学员神曲对口型，另一种是给学员一段视频对口型。做法都是把原声删掉，请学员依次开摄像头对口型，越夸张越贴切越好。这个活动也比较受"90后""95后"学员的欢迎。

> **注意事项**
>
> - 歌曲可以选择神曲串烧，如古巨基的《情歌王》，只是对"95后"的学员要选择贴近他们时代的神曲。
> - 如果公司支持，也可以拿一些公司年会或者广告宣传片中老板讲话的视频来对口型配音。

复习活动

记忆PK赛

规则是针对上一小节或者全课内容，给学员分组比拼课程中提到的关键概念、技巧、方法，前面说过的后面就不能再说了。具体的开展可以考虑以下两种方式：

一是分组之后，在各自的小组聊天室进行PK，可以开语音。

二是在屏幕上给不同小组分区，大家同步进行文字录入。一旦有小组率先写出某一概念，自己小组的就要擦除或不算分。

字母回顾

如果讲师是给外企学员上课，或者所讲的课程中有比较多的英文术语、缩略语、概念等，可以让学员以26个字母或者其中一部分字母作为引子，回忆自己课上学到的相关概念和知识点，如A—ABCD绩效目标表述法、B—BEI（Behavioral Event Interview，行为面试法）等。

你说我猜

将学员按照一定规则分成若干组，如"男生vs女生""长江以南vs长江以北""生日在春夏秋冬哪个季节"等。每组出一位代表，请他描述事先准备的一组概念或术语，让其他小组猜，猜中可以为本组加分。例如，体验式学习可能是"大卫·库伯提出的一个四步循环，反映了人类如何在自然状态下快速学会一项新技能"。

总结活动

讲师可以用上一章开篇分享的图片感言。除此之外，我再介绍两个常用的小活动。

图形回顾

请学员依次从这四个方面（见图5-4）反思整个学习过程，然后把自己的心得填写在学员手册上。讲师设置分组讨论聊天室，让学员依次进行分享。

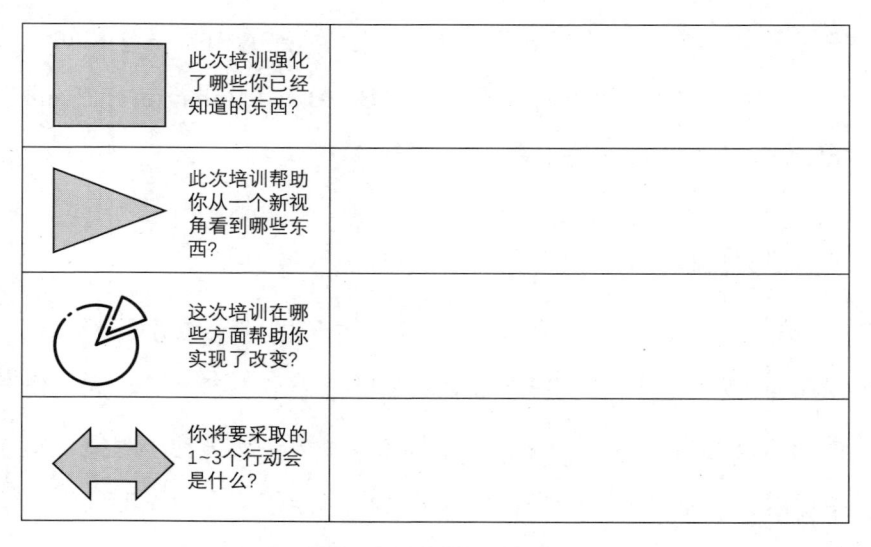

■	此次培训强化了哪些你已经知道的东西?	
▶	此次培训帮助你从一个新视角看到哪些东西?	
◐	这次培训在哪些方面帮助你实现了改变?	
⬌	你将要采取的1~3个行动会是什么?	

图5-4　图形回顾练习

注意事项

- 讲师应该给予相对充分的时间让学员填写意见。
- 为节约时间,每个聊天室建议设置3~4人,每人的分享时间为1~1.5分钟。

ORID回顾

这个活动借鉴了引导技术里经典ORID焦点会话的方法,要求学员从以下四个方面展开回顾,然后在一个小范围内与其他人进行分享。

- O（Objective）——客观性问题:你对本次课程哪些片段

和场景印象格外深刻？

- R（Reflective）——反映性问题：本次课程的哪些方面让你的心情有所起伏和波动？

- I（Interpretive）——诠释性问题：本次课程你最大的收获和启发是什么？

- D（Decisional）——决定性问题：你将开展哪些具体的行动去落实本次课程的学习成果？

相信这10多个活动完全可以帮助你应对在线直播课的五大关键时刻，这里再给你几个在实际应用过程中的提示。

①短小精悍。线上不同于线下，活动要更加讲求"短平快"。讲师需要做到快进快出，规则太复杂或者需要花很多时间才能明白怎样做的活动不太适合直播互动课。

②熟悉平台的功能使用。一切互动的痛苦，背后都有对平台功能不够熟悉的影子。讲师对平台越熟悉，互动起来越得心应手，也越容易创造出更多的小活动。

③线下活动取经，多看娱乐节目。互动直播课跟面授课还是比较接近的，所以讲师可以多把线下的一些不太需要人际互动的活动运用到线上培训去，《奔跑吧！兄弟》《天天向上》等娱乐节目也会给你带来不少灵感。

第三节

在线分组讨论的开展

分组讨论是一个很有效的工具。ZOOM、瞩目和腾讯会议有分组讨论的功能，相当于线下的分组讨论，可以支持一个小范围群体的深度交流。

什么时候需要用到分组讨论

需要对一些问题做深入的多视角讨论：

- 在某些情况下，学员完成了作业需要分享或者发表，但又没必要面向全班，这个时候可以在一个比较小的范围内进行讨论。

- 当需要2~3人为单位的小组进行讨论时，如果是线下课程，讲师可以很方便地召集学员与身边的小伙伴进行一对一或者2~3人间的交流。这样的分组便于学员有效地交换看法以及相互反馈。但是在互动直播平台上，学员看不到对方，私聊也不方便指定配对，所以这时可以借助平台的分组讨论功能，把2~3人组成一个小组并给他们分配一个在线聊天室进行讨论。

不管是以上哪种做法，在线分组讨论相对来说都是比较复杂和耗时的。除了下面注意事项里我要分享的内容外，还希望讲师思考以下问题。当这个问题的答案是"否"的时候，我才鼓励讲师尝试在线分组讨论的方式让学员进行讨论。这样在线平台才能够最大化地发挥它的价值。

通过聊天框或者共享屏幕的方式，是否真的没法支持讲师期望实现的互动吗？

怎么做

在线分组讨论的操作比较简单。除了ZOOM、瞩目，腾讯会议2021年5月的2.12版也都支持分组讨论功能，进入入口如图5-5所示。

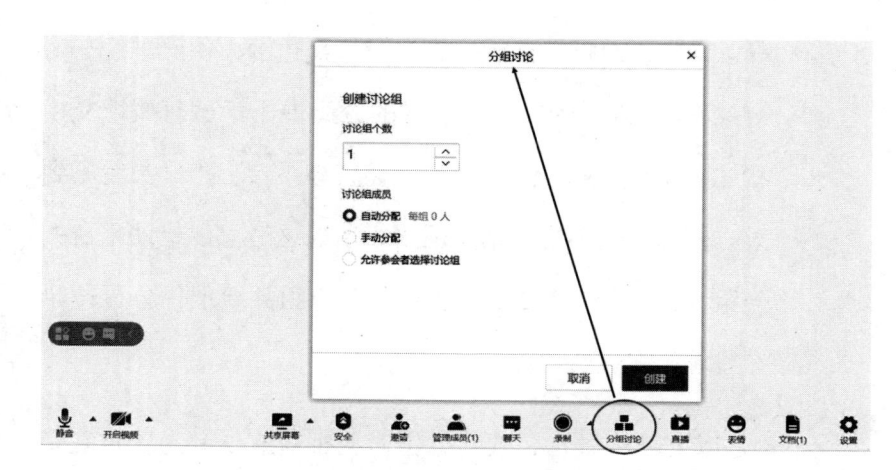

图5-5　ZOOM平台分组讨论功能进入入口

在弹出的对话框中，讲师需要设置分组数量和分组方式（见图5-6），方式可以是随机分组，也可以是手动分组。

图5-6　ZOOM平台分组对话设置分组数量和分组方式的对话框

随机分组是ZOOM按照总的学员人数和每组人数进行随机分组。例如，24人参训，讲师设定4人一组，ZOOM会把学员随机分成6组。

手动分组是根据讲师和组织方的偏好，从学员名单中通过拖拽来分组。这样可以更好地贯彻组织方的意图，因为组织方可能希望将同一部门和职能的学员分在一组或者不同经验和背景的人分在一组。但是手动分组比较耗费时间，一般情况下我都建议让系统随机分组。

跟面授课不同的是，分组讨论一旦开始，学员就从线上的大教室各自集中到一个虚拟的小教室，彼此是看不见对方的。讲师和主持人也只能在不同的小教室穿梭，没法同时看到每个小组的情况。但是在小教室里，大家依然可以使用前面所介绍的五大在线互动直播载体，特别是其中的共享屏幕，等于给每个小组提供一块自己的白板，它支持学员在上面书写和汇总意见。

操作要点

要实现ZOOM的分组讨论很容易，但组织好有效的分组讨论却没那么容易，需要注意的要点有以下几个。

①说明要求。讲师要事先跟学员交代清楚讨论的议题、讨论的时间、发言要求和产出成果等。讲师最好列一张PPT而不是靠口述，之后请学员截图保存并且同步粘贴一份在聊天区。借用交

代讨论要求的时间，让技术助理准备分组。

②产出规范。对于时间超过十分钟的分组讨论，讲师最好给学员提供一个产出模板并且发给大家，以便分组讨论时按照模板的要求汇总讨论意见。之后截图以备稍后的展示分享。讲师可以充分利用共享屏幕的功能整理讨论成果，提升稍后分享汇报的效率。

③进度提示。跟面授课不同，线上的分组讨论一旦开始，大家就会沉浸在自己的讨论中，没办法像在线下的教室里可以靠铃铛或者讲师的声音知道剩余的讨论时间。所以除了事先跟学员明确好时长，讲师还要借助聊天窗口请技术助理定期提醒大家剩余的讨论时间。同时，讲师可以在讨论开始之前就在每组指定一个时间官，定期收看聊天区信息并把控时间。

第六章

金句力——让知识记得住

你听过罗振宇的跨年演讲《时间的朋友》吗？你追过《奇葩说》的精彩辩论吗？如果我现在问你都还记得什么，估计你能脱口而出的大多是其中的一些金句。例如，罗振宇2019年跨年演讲的"种一棵树，最好的时机是十年前，其次就是现在"，或者傅首尔的"谣言止于智者，但止于不了智障""不要看破红尘，因为红尘本来就是破的"等。

本章我们就来探讨为什么金句在网络传播中有这么大的威力，在互动直播课里植入金句的四大典型场景，以及锻造属于你自己金句的五大方法。

第一节
互动直播课中金句的重要性

一个做自媒体的朋友曾经分享过两个观点：

①一场10多分钟的演讲，主讲人要是没有3~5个金句，不论讲了多少，听众可能什么都记不住。所以，一场成功的演讲，不过是让听众记住了主讲人的几句话。

②通过和很多做自媒体的同行的交流我发现，在新媒体文章的结尾，如果有一句能够打动用户情绪的金句，阅读量可能相差5~10倍。

这两个观点引发了我的深入思考。为什么面授课上的金句学员听完很快就忘记了，而到了线上直播课就变成了一件大杀器呢？

我觉得原因主要在于以下几点。

注意力集中程度较低

学习线上课程的时候，学员的注意力往往难以集中，金句则扮演了强力兴奋剂的作用。不同于面授课的学员能够在封闭的环境里学习，线上直播课的学员非常容易受到各种诱惑而将注意力转移到其他事物上。金句作为一种优质的浓缩信息，有着很强的韵律和节奏感，并且通常隐含着强烈的情绪或者价值判断。它如同兴奋剂一样，会给大脑强烈的冲击和刺激，很容易吸引喜欢变化的大脑的注意力。

大脑的天性使然

网上各种消息、推文的标题党层出不穷。虽然这样的文章点进去后会遭人唾弃，但很多人都很容易被这种简明扼要、一目了然的标题吸引。原因是大脑是一个耗氧耗能严重的、喜欢偷懒的器官，总是希望能不思考就不思考，这种短小精悍的信息最符合大脑的天性。

信息通道压缩，语言力量凸显

在面授课的过程中，讲师和学员可以实时交换信息。在互动直播课的过程中，学员获取信息的其他通道基本都被阻隔了，只有视觉和听觉还能够发挥作用，所以这两个通道的作用就得到了强化。打个不恰当的比方，盲人的听觉和触觉比其他人更发达。因为学员只能依赖这两个信息通道来接收信息，所以语言的力量在线上比线下更强大。

时间短，优质信息的力量被放大

互动直播课的时间通常是30~90分钟，时间远远短于面授课。金句作为浓缩的优质信息，它的传播力就被放大了。在面授课两天的时间里，讲师可能说出2~3个金句不算什么，但在60分钟的直播课里，它就可以一石激起千层浪。这就像人往西湖里丢一个石子，只能带来阵阵涟漪，而往一个小水洼里丢一个石子，掀起的就是惊天巨浪。

归根结底，金句在互动直播课里威力更大是由大脑的认知习惯和沟通的基本原理决定的，大家唯有充分地适应和运用它，才能给互动直播课带来更好的效果。

第二节 植入直播金句的四大场景

了解了直播课中金句的威力,接下来我们需要知道直播课中的哪些环节是植入金句的最佳场景。我认为一共有四大场景(见图6-1)。

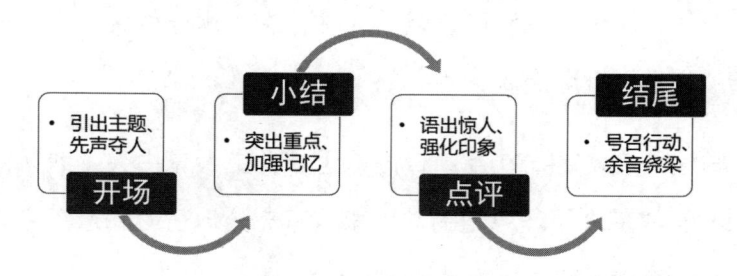

图6-1 适合植入直播金句的四大场景

开场

开场使用金句的好处在于先声夺人,迅速抓住学员的注意力。赵本山和宋丹丹合作的很多经典小品都是以金句开场的。例如，1999年春晚小品《昨天 今天 明天》，赵本山在开场时说道："改革春风吹满地，中国人民真争气；齐心合力跨世纪，一场大水没咋地。"宋丹丹接上："改革春风吹进门，中国人民抖精神。"全场观众的注意力瞬间就被他们吸引了。

金句也可以用在其中一个小节的开场。例如，疫情期间我在一次微课开发的分享中，用改写的诗句"忽如一夜春风来，万千微课遍地开"开场。又如，我在互动直播课训练营金句力部分的开场，就用了改写的金句"今年过节不收礼，收礼重点收金句"来强调线上直播课的学员不爱听人讲道理，如果讲师确实需要讲道理，最好也包裹在金句里。

小结

小结中使用金句的目的在于突出重点和加强记忆。同样，讲师也可以将金句用在一个小节或者一个模块的结尾。例如，2020年5月3日，B站制作的宣传视频《后浪》，在第三小节的结尾用到了一个金句："因为一个国家最好看的风景，就是这个国家的年轻人。"这句话掷地有声，能够在听众的内心久久激荡。

我在总结线上学习时提到，"如果将线上学习的不同状态做个比喻的话，那么录播课像听CD，直播课像云展演，面授课就像现场版演唱会，关键还是你有多爱它"。这一比喻得到了许多学员的认可。

点评

既然是互动直播课，就免不了让学员在线演练，这时就需要给予学员精准的反馈和点评。如果能用上一些名言和金句，就会大大强化学员对这些内容的印象。例如，有次一名学员提交了金句力的练习作业。我觉得他的作业非常棒，于是脱口而出："所有光芒，都需要时间才能被看到，而你的光芒一下子就亮瞎了我们的眼。"被表扬的学员很开心，而其他学员则倍受鼓舞。

结尾

根据峰终定律，受众会对整个体验的结尾印象最深刻，所以在结尾部分用好金句，可以起到号召学员行动起来、余音绕梁的作用。

补充：诺贝尔奖得主、心理学家Daniel Kahneman经过深入研究发现，人对体验的记忆由两个因素决定：高峰（无论是正向的还是负向的）时与结束时的感觉，这就是峰终定律（Peak-End Rule）。这条定律基于潜意识总结体验的特点：对一项事物的体验之后，人所能记住的就只有在波峰、波谷与结束时的体验，而过程中好与不好体验的比重、好与不好体验的时间长短，对记忆几乎没什么影响。

我利用一款阅读App定期学习英语，那里的每个主播都很有特色。例如，剑桥大学毕业的毛西在每次播完音频节目的结尾都会加上一句"We only part to meet again（相逢的人会再相逢）"。第一次听到这句话就耐人寻味，听得次数多了，这句话就变成了她的一个标签。于是流利说团队其他主播纷纷效仿，Lala的是"Good bye and good luck"，宇轩的是"Keep up the good work"。

同样，我在给华为消费者业务集群（Consumer Business Group，CBG）学习与发展团队讲授"直指洞见的深度访谈与提问技巧"时，结尾引用了美国著名战地记者罗伯特·卡帕的名言"如果你的照片拍得不够好，那是因为你离现场和苦难还不够近"，这句话引发了在场人士深深的共鸣。

第三节 锻造金句的四大方法

我从诸多锻造金句的方法中提炼了四种，如图6-2所示。

- 引名言
- 套句式
- 促押韵
- 炼口诀

图6-2　锻造金句的四种方法

方法一：引名言

罗振宇可能是在演讲和表达中使用金句密度最高的人之一，然而稍微留意一下便不难发现，他虽然口才很好，但是在每年的跨年演讲中所使用的金句很少是他自己创作出来的，基本上都引自他人。原句不是名人名言，就是名师名句，就像这句："世界不是按照领域来划分的，而是围绕挑战组织起来的。"

引用名言的好处显而易见，首先是现成可用，而且经过了岁月的检验，不用自己去实践以辨别真伪；其次是可以从名人那里借势。同一句话，马云说出来跟你说出来的影响力和信服力是有天壤之别的。

既然可以引用名言，那么讲师应该去哪里找呢？渠道其实是非常多的，如图书、电影、流行音乐、历史典故、谚语、楹联、名人演讲等。具体方向可以结合个人阅历及偏好。我就很喜欢曾国藩的书和《菜根谭》这部书，所以经常引用其中的一些名句。例如：

- "既往不恋，未来不迎，当下不扎。"——曾国藩

- "勿与君子斗名，勿与小人斗利，勿与天地斗巧。"——曾国藩

- "文章做到极处，无有他奇，只是恰好；人品做到极处，无有他异，只是本然。人情反复，世路崎岖。"——《菜根谭》

- "苦乐非两境、迷悟非两心，只在一转念间耳。"——《菜根谭》

要源源不断、恰到好处地使用金句，就必须不断储备和调用它们。这里我建议你建立自己的金句储备工具。

工具主要用来随时随地地存储和调用讲师所听到或者见到的名人名言，在互联网时代这样的工具有很多。例如，印象笔记、有道云笔记或者为知笔记等。总之，只要方便好用就可以。我在印象笔记上有两个文件夹专门用来储备金句，看到有用的句子就拷贝进来。有时，我要上课了还没想好应该用什么金句去开场或者结尾，只要到那两个文件夹里简单地扫两眼，就会有灵感。

由于有些金句已经用得太多了，因此讲师就需要处心积虑地找一些比较生僻、新鲜的，这时金句库的体量优势就发挥出来了。讲师在金句库里储备得越多，分类越清楚，应用时的灵活性就越强。关于分类的大致框架，可以参考第二节的四大场景。

然而，有时讲师所讲的问题确实没有现成的名人名言或者已有的名言太长、太拗口，讲师就要用到第二种锻造金句的方法——套句式。

方法二：套句式

套句式是对现成的金句进行改头换面。例如，下面这两句话：

- （假如讲师教亲密关系）跟父母和解，最好的时间是10年前，其次是现在。

- （假如讲师教一种乐器）学一门乐器，最好的时间是10年前，其次是现在。

有没有发现，这两个句子很像，它们的结构都是这样的：_____，最好的时间是××年前，其次是现在。

这个句式来自罗振宇在2018年跨年演讲上分享的一个故事。原来在湖南湘西有一个收费处，在改成自动收费之后收费站被裁撤掉了。一个收费收了20年的服务员感慨："我收了20年的费，现在我还能去做什么呢？"而与之对照的是，有一个80岁的老太太学习拉小提琴，人家跟她说："您年纪已经大了，70多岁才开始拉小提琴，真的有点儿可惜。"老太太却回答："如果我在20年前就学会拉小提琴，今天应该可能已经是一个不错的小提琴演奏家了。但是我现在开始学拉小提琴，还有20年可以拉，我依然能够在20年后成为一个非常好的小提琴手。"对于这个故事，罗振宇用非洲经济学家丹比萨·莫约的名言进行总结："种一棵树,最好的时间是10年前,其次就是现在。"

同样地,当讲师看到一些含义深邃、节奏明快的金句,也可以借用其中的句式,替换成自己需要的内容。

著名作家王小波的名言是:"人内心的一切痛苦,本质上都是对自己无能的愤怒。"它的基本结构是:"××××的一切痛苦,本质上都是对_____的_____。"

照着这个结构,我的学员改写出了:

- 互动直播课的一切痛苦,本质上都是对面授惯性思维的无助。
- 互动直播课的一切痛苦,本质上都是对平台功能的不熟。
- 科学减肥的一切痛苦,本质上都是对美味佳肴的贪恋。

方法三:促押韵

知名脱口秀导师李新说过"无论什么东西,只要押上韵,就会显得特别有道理",就像这句"怀才和怀孕一样,时间久了才能被发现"。这句话押头韵,而押尾韵更常见,《脱口秀大会》里无数的爆梗都是此类。例如,杨蒙恩讽刺脱口秀演员自封为各种"爆梗王""线下炸场王"等,抛出一句"我还以为穿越到了太平天国，遍地是大王，短暂又辉煌"，还有"生死看淡，不服就赔礼道歉""我对宇宙如此渺小，对公司却如此重要，一天不去就扣钱"等。

押韵让人感觉舒服，这在脑科学上可以找到依据。人的大脑是一个非常消耗氧气和能量的器官，它只占人体质量的2%~3%，但是脑子消耗的氧气占到了人体的20%。为了减少氧气和能量的消耗，人体的机制是能不动脑就尽量不动脑。能简单地处理一下，就不弄得太复杂，就好比家里用的热得快等高耗能电器，只要一打开家里就短路跳闸了。押韵让大脑感觉舒服，整个句子听起来就显得更有道理，于是大脑选择给这条信息绿灯放行。

那么，押什么韵更好呢？知乎有人专门研究键盘设计，通过不同的数据汇总和分析，他们发现i、a、u、o、e、ao、an和ang等韵脚被使用的频率最高。所以如果讲师要让句子押韵，用字往这些韵脚上靠会发现可选空间更大。例如，高晓松的名言"人生不止眼前的苟且，还有诗和远方的田野"就明显是押了e的韵脚上。网友在此基础上还做了各种延伸，非常有趣，在此我给大家分享几句：

生活不止眼前的苟且，还有旧爱发来的请帖。

生活不止眼前的苟且，还有骨密度的流失和横纹肌的分解。

生活不止眼前的苟且，还有背不完的古诗和做不完的作业。

方法四：炼口诀

我读蒋勋的《品味四讲》，对他这句话印象最深："所有的生活美学皆在抵抗一个字——忙。"我读梁启超的《曾文正公嘉言钞》，对曾国藩这句话印象最深："天下才人，皆败于傲；天下庸人，皆败于惰。"

这两句话有一个共同特点，即作者把对于不同类型人的感悟凝聚在两个字中，一下子击中了读者的大脑，这就是口诀的威力。口诀让核心信息容易记忆和传播，而中国人是非常偏好简明扼要的口诀的。我常说《道德经》区区五千字，就把人世间的根本道理说尽了，这就是古汉语的魅力所在。

讲师如何提炼和总结口诀呢？常用的方法有三种，我将其简单概括成三"同"法。

第一个方法是同并相连

把一组动作和概念的首字或中间某个字连起来变成一句口诀。例如，很多企业的销售人员的固定工作就是去拜访门店或者经销商，他们有一个标准拜访五步骤。这五个步骤分别是：

1. 设定拜访的目标和准备相关资料；

2. 向客户介绍来意；

3. 检查门店的货架和仓库等；

4. 向客户销售新的产品或者提出改进建议；

5. 记录当次拜访的主要发现和客户需求。

这时就可以从这五个步骤中提炼出关键动作，将这些动作归纳成一个口诀：准介查卖记。

相关的例子还包括疫情期间号召大家正确洗手的"七步洗手法"所倡导的口诀：内外夹弓大力腕（见图6-3）。

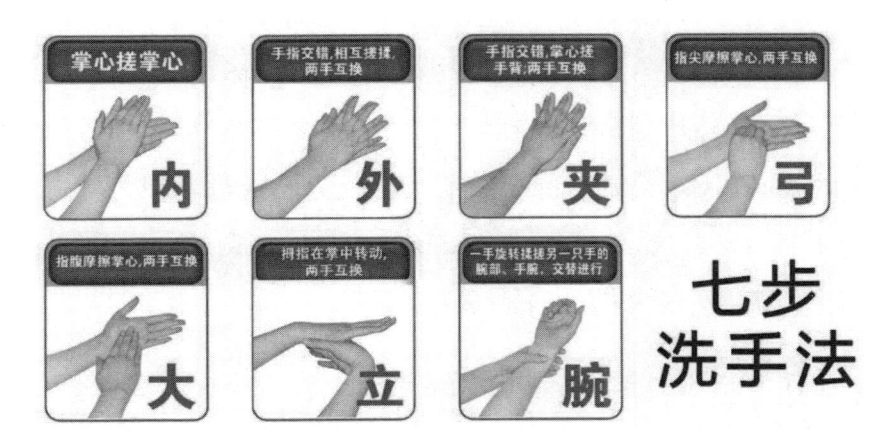

图6-3　七步洗手法

第二个方法是同字压缩

把同样的内容，压缩成数字来表达，这在政府部门里用得是非常多的。例如，"两个节省""三个有利于""四个自信""八荣八耻"等。

有人定义了一个好课程的标准：讲得清、听得懂、学得会、记得住、用得上和做得到。我们是不是可以把它概括成"六得好课"呢？

第三个方法是同音替代

为了提炼出一个有意义的口诀，讲师要对某些字进行谐音处理。

例如，上面提到的"准介查卖记"。销售人员在门店里做店内检查，需要检查店内的七个要素，分别是陈列、促销、助销、库存、分销、位置和价格。我发现很多销售人员由于记不住，会经常遗漏，因此就给他们提炼了一个口诀，叫作"陈醋（促）贮（助）存风（分）味（位）佳（价）"。它的含义是经过良好的贮存，陈醋的风味会更好。由于这个口诀含义清晰、朗朗上口，销售人员很快就把这七个要素记住了。

如果讲师服务的学员和对象是外企，那么英语中也有类似的口诀使用习惯和方法。例如，用来制定目标的SMART原则。

讲师可以提炼一些口诀帮助学员归纳课程里的要点，强化学员的记忆。但是这样的口诀宜精不宜多，才能给学员留下深刻的印象。

总结一下，造金句的四种方法概括起来也可以是一个口诀，

第六章 金句力——让知识记得住

那就是"引套押炼"或者"樱桃压脸"。想想看,这两个口诀分别用了上面哪种方法?

上海华山医院的感染科主任张文宏医生以敢说、金句迭出而闻名。有一次主持人对他进行了一个采访,问张医生是怎么做到金句不假思索脱口而出的,张文宏医生坦率地讲道:"看起来好像脱口而出,但其实背后都是做了酝酿和思考的,很多金句都是在构思华山感染公众号的文章时推敲过的。"

疫情期间金句之一就是"哪有什么岁月静好,只不过是有人替你负重前行",在这里我想说"哪有什么脱口而出,只不过是你在刷抖音时,人家在映雪读书"。苏轼也早就总结过"博观而约取,厚积而薄发"。讲师需要看得多才能简约地抽取需要的东西,要累积得很厚才能在用的时候不着痕迹。

虽然在本章我给出了锻造金句的四种方法,但大家还是少不了要做功课和储备。讲师可以利用本章提供的模板和工具做积累,然后经常在课程中去调用和打磨,这才是让金句力不断提升的最重要的诀窍。

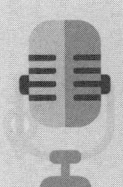

第七章
练习力——让效果留得住

在本章的开始，大家可以思考一个问题：什么叫练习力？在第四章互动力中，我曾经提到互动直播课的六段教学法。这种教学法的特点是讲师在课上针对一个知识点先体验，后讲解，再练习，也就是说，在课上学员是有练习的，但是我想特别强调的是课后作业的部分，也就是为了课后去巩固而进行的练习。通常来讲，课后作业要比课上的练习更加复杂，花的时间要更长一些。

大家对"习"字应该非常熟悉，但你知道这个字的繁体怎么写吗？"习"又有什么含义呢？如果去查《说文解字》，就会发现繁体字的"習"上面是一个"羽"，下面以前是"日"，后来演化成"白"。古人观察到自己家屋檐上做巢的成鸟训练幼鸟，幼鸟每到开春的时候就扑扇着翅膀，羽毛从屋檐上落下来的情景，于是"習"就演变成了"习"字，所以"习"的本意就是不停地训练和演练。人们后来把"学"和"习"放一起，就意味着这两者是同等重要的，有学必有习，学习离不开练习。

这就是汉字博大精深的一面，世界上的主要文字中只有中文是表意文字，即文字本身的字形就可以表达意义。而英语、西班牙语、法语等都只是表音文字。

第一节 课后练习的三种类型

依据内容的不同，讲师给学员布置的课后练习通常分为三种类型：一种是文字类，另一种是图表类，还有一种是音视频录制类。

文字类

文字类的作业通常以文本的形式考察学员对于概念的理解或者思考，如问答题、简答题、案例分析等形式的练习。我曾经教授过案例萃取，学员需要回去用所教的方法整理自己的过往经验，基于模板完成一个属于自己的案例，这就是一个典型的文字类作业。提交的形式有可能是PPT。这种作业虽然需要配图，但主体仍是文字，所以属于文字类作业。

图表类

有时讲师只需要学员展示一个基本的思路框架或者流程图。有时作业需要以表格的方式提交（如财务数据表、数据透视表等）。讲师在梳理课程结构时可能需要学员提交九宫格结构图、便利贴草图或者思维导图。这些都属于图表类作业。

音视频录制类

音视频录制类作业重点考察学员的语言表达和肢体动作，只有通过这种方式，学员才能进行立体的呈现和展示。这种类型的作业适用于演讲课、声音课、客户沟通与服务话术背诵、篮球、瑜伽动作等。另一种情况是学习主题的产出是个实物，而且需要展示它的各个方位和角度（如烘焙、烹饪、乐高搭建等），这时学员就要提供一个视频，讲师才能做有效的评定和反馈。

另外，我在第四章把内容分成了三类——知识、技能和态度。在这三类内容中，你认为哪类内容布置作业最容易，哪类最难呢？

我问过不少学员这个问题，他们大多觉得知识最容易，但实际上，布置作业最容易的是技能类内容。技能类内容训练的过程不容易，但是在布置作业时是比较容易的。因为技能是实操性的内容，基本上都可以找到与之对应的工作任务，如需要解决一个具体的问题或者完成一个具体的任务，所以讲师在布置作业时，只要把作业布置给学员就可以了。例如，要训练学员写作，讲师布置的作业可以是写作文。要训练学员讲故事，作业可以是提交一个故事。无论是文字类的还是音视频录制类的，这类行为相对来讲还是比较容易观察和衡量的。

知识类的作业就没有那么容易了。例如，培训安全生产，讲师可以找到关于安全的一系列条文和规范，但是作业应该怎么布置呢？讲师怎么才能找到合适的方法让学员把对知识的掌握体现出来呢？背诵和默写吗？我想告诉你，背诵和默写只是记住，离应用还差得远。考试吗？考试基本上也是针对识记，很难覆盖运用，所以针对知识类的内容，要布置有效的作业就一定要找到知识应用的场景以支持实际工作任务的完成，否则讲师很难把这个作业布置好。

对态度类的作业，讲师也比较难布置，很多时候是需要学员体验后去写的。例如，我听一朋友讲党员干部做廉政教育时除了学习党章、党纪，还要分析触目惊心的负面案例。除此之外，学员还会有体验活动，就是去监狱里参观。参观的时候，大家跟那些因为贪腐、渎职类经济案件入狱服刑的前党员干部深度交流，回来之后写个人感悟，就是一个不错的作业。如果讲师只是让学员写篇反腐倡廉的作文，他们就没有前面的体验和触动。

第二节

怎样留作业和收作业更省心

要让学员有效地提交作业，讲师就要说明五个方面的内容，这些内容概括成一个口诀是"十点要板栗"。"十"是指提交的时间；"点"是指提交的地点；"要"是指给予学员明确的作业提交要求；"板"是指讲师是否需要提供作业模板给学员以规范作业格式；"栗"是指讲师是否需要给学员提供示例，以便让学员更加直观地了解作业要达到的标准。

我自制了一个五角星图标（见图7-1），以便更加生动地展示这五个方面的内容。

第七章 练习力——让效果留得住

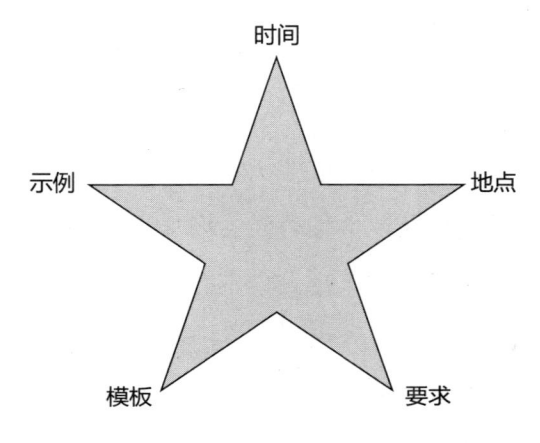

图7-1 有效提交作业的五个要点

🛜 时间

讲师指定的提交作业的时间需要清晰明确，而且对学员来说要充裕合理。对很多讲师来说，做到第一点比较容易，而第二点往往会被很多讲师忽视，这是由于他们往往以自我为中心考虑问题，只根据自己的作息规律和熟练程度来预估学员完成作业所需要的时间。有一次，我参加了一个PPT训练营，讲师讲得很好，内容也很实用，就是作业让人应接不暇。他的课为期七天，最开始的计划是连续七天上课，每天晚上都有作业，每两天进行一次集中点评和辅导答疑。消息刚发布出来时，学员群里大家就强烈要求减负，希望中间能够休息一到两天，以便有充足的完成作业的时间。主办方一开始不同意这个请求，后来还是讲师答应了。

即使是这样，最后按时打卡完成作业的学员也不到一半，原因无它，大家真的没有足够的时间做。

有些讲师和主办方会固执地认为，做不完作业说明学员学习和改变的欲望不强，所以他们有时会增加各种手段来逼迫学员跟上进度交作业。我不知道年轻人会不会因为这些手段而更加热血和投入，但像我这样的1985年之前出生的人，由于上有老下有小，精力十分有限，因此不可能完成讲师布置的作业。如果不能给学员充裕的时间，那么用任何激励手段都没有什么效果，而且我认为自己已经属于很爱学习的人了。

地点

第二个要点是，讲师要说清楚地点。学员的作业需要交到哪里，是微信群、企业微信群，还是专门的作业平台（如小打卡、金数据等），要约定清楚。如果讲师需要布置多次作业，最好保持提交平台的一致性，否则容易导致学员无所适从。

要求

第三个要点是，讲师要说清楚要求。要求是指作业提交的各种规范。除了上面提到的时间、地点，还包括作业要点，以及作业的形式、格式和文档命名要求。根据我以往的经验，作业的文档命名要求时常会被忽略，这就容易导致收作业时所有学员的作业题目都一样，一份作业到底是谁提交的根本搞不清楚，这就极大地浪费了讲师的宝贵时间。

模板

第四个要点是，讲师要说清楚模板。有时，讲师布置的作业本身就基于一个思维框架或者工具表单，如金字塔原理、课程大纲设计等。这时讲师只要把这个工具直接作为模板就好。有时，讲师布置的作业只有一些原则性的指引要求，我也建议把它设计成一个模板的样子。例如，PPT第一页是作业的要求和说明，第二页是往期优秀学员作业和反面作业案例并给予批注。这样做的好处是学员容易依循不会跑偏，否则在线课程作业一旦布置下去，学员可能直到做完才发现根本不符合作业的要求，这会让双方都很沮丧，时间也被浪费掉了。

示例

第五个要点是，讲师要说清楚示例。好的示例对于学员完成作业是一个很好的参考。对于学员来说，肯定是照猫画虎易，另起炉灶难，所以作业示例一定要做好标注。讲师希望学员参考的是格式和框架，而不是其中某个具体的内容，不然学员容易机械照搬。

有一次，我在互动力直播课的课后给学员布置了作业，后来我发现，学员的作业都错得离谱而且错误的点几乎一模一样。开始我百思不得其解，后来才发现大家都把我给的作业示例照搬到了自己作业中。当我寻找原因时，学员的回答相当一致，他们都以为这是我的作业要求，所以虽然觉得很别扭，但还是坚持照做了，结果弄得我哭笑不得。

即使这五个要点都齐备了，作业也不一定能够有效地收取上来。那么，在清晰地布置作业之后，讲师应该如何高效地收取作业呢？首先，要有一站式发布信息的意识，布置作业的要求和收取作业的提醒最好放在一条信息里，不断地发布，但不要多条信息滚动发布，因为这会让学员顾此失彼。线上课程的讲师一定要有线上意识，信息一旦发布出去就如石沉大海，学员不可能像线下一样触手可及，所以要尽量方便他们接收和阅读信息。

其次，大家要充分利用不同平台的优势与不足（见图7-2）。讲师常用的平台有三大类，包括微信群/企业微信群、阿里钉钉和专门的作业打卡平台（如小打卡、金数据等）。

微信群的优势是使用方便，由于运营通常基于微信群，因此不用另外开辟阵地，但不足之处就是上传和下载都很麻烦。群内大家发送的信息和作业很容易被刷屏，对需要的内容可能半天都找不到，而且发在这里的作业很容易被传播出去。假设这个作业需要保密，那么放在微信群里就很容易被泄露出去。

平台	优势	不足
微信群/企业微信群	• 熟悉易用	• 上传方便，下载整理麻烦 • 容易泄露
阿里钉钉	• 无缝切换，无须另外下载或传输	• 易受干扰
专门的作业打卡平台（如小打卡、金数据等）	• 学员提交方便，一个地址上传 • 金数据适合比较大的文件，如PPT	• 运营需要逐一下载发给老师

图7-2　常用的三个平台的优势与不足

阿里的钉钉和腾讯课堂属于一个类型，但钉钉做得更好一些。钉钉的优势在于收取作业和批改作业比较方便。学员在钉钉上网课、看直播，讲师也在钉钉上批改作业，整个过程非常顺畅，不足之处就是大家非常容易受到干扰，除非把钉钉消息的提示关掉。

专门的作业打卡平台（如小打卡、金数据等）的优势是提交方便，学员只要在一个地址或者导入界面上传作业即可。金数据比较适合比较大尺寸的PPT格式的文件，不足之处就是需要用户去专门的地方上传和下载，当传输数量过多或尺寸过大的文件时，可能只有收费版才能支持这些功能。

第三节

讲师辅导和点评作业的方法与技巧

讲师可以以三种方式将自己的点评发给学员。

文字版

第一种是文字版。这种方式的优势是学员比较容易看到，也便于学员保存。但当学员人数多时，对讲师就是一个不小的负担。假设给每人150字的反馈，40人的作业，讲师就要写大约6000字，而且除了打字，讲师还要考虑对每份作业的措辞，再加上复制粘贴的时间，每份作业的点评时间就需要5~10分钟。按平均每份作业8分钟计算，一共就是320分钟，这接近5小时的工作量对讲师而言几乎是不可承受之重。

📶 语音版

第二种是语音版。现在录语音是一件很方便的事情，学员接收起来也很方便，所以讲师用这种方式给予点评获得了双方的一致青睐。它的好处是讲师录制方便。现在各种语音转文字的App功能也很强大，只要学员需要，就可以利用App的功能将语音转换成文字保存起来。讲师的声音听起来让学员感觉很亲切。同样是上面的情景，40人的作业批改量，150字左右的点评，每份作业只需录1~2分钟的语音就搞定了。假设每份作业需要2分钟，加上1分钟的分享，合计需要3分钟，40人就是120分钟，只需2个多小时就可以搞定，所以语音反馈是一个不错的选择。当然，有时作业批改必须结合学员的作业进行标注（如语言、PPT修改等），这时还是只能用文字标注的方式来进行。

📶 直播辅导

第三种是直播辅导。有时学员的作业有较多共同的问题，或者我为了强化仪式感，会用直播的方式把大家召集在一起对作业进行辅导和点评。讲师进行直播辅导不仅可以讲解作业中的问题、进行现场答疑，还可以给学员补充一些关键点。这样做的好处在于讲师不仅可以进行反馈，而且能够和学员进行互动，不足之处在于召集学员比较困难，而且在直播的过程中很难做有针对性的辅导，否则会让其他学员感觉这些问题与自己无关。

在实际的应用中，讲师可以把这三种方式相互搭配和相互补充。例如，讲师可以先通过语音的方式给每个人反馈，再针对大家的共同问题和需要开一个30分钟左右的直播。无论讲师使用以上哪种方式，都要狠下功夫扎扎实实地去做，这样学员才能得到有针对性的答疑和辅导，如第一章所说，这本来就是互动直播课的一大优势。

相比面授课，课后作业及辅导反馈也是互动直播课和训练营的一大特色。课后练习通过设置作业打卡，增加了巩固所学知识的机会。我们都知道即便在面授课里，由于学员人数和课程时长的限制，讲师也没办法照顾到每个学员并给予其反馈。互动直播课因为有作业环节，提交了作业的学员就有机会跟老师深度互动并获得反馈点评，所以这是一个非常有价值的环节。也正因为这样，我看到不少人都很重视这个环节，有些讲师将作业批改的授课和无作业批改的授课设置成了两个不同的价格。

我在互动直播课中发现学员是非常欢迎和在意讲师的辅导和点评的。那么作为讲师，应该怎么给自己的点评增加价值感，让课程叫好又叫座呢？我的经验主要有三条。

明确具体

学员既然交了作业，就是希望得到有针对性的点评的。今天的年轻人总体来说神经足够强大，心理承受能力也挺好，他们不怕犀利，就怕讲师点不出问题。我见过一个女讲师，点评时扎人心窝，句句见血。我作为旁观者曾经怀疑这样的"毒舌"会不会让学员难以接受，结果学员非常喜欢她，觉得她一针见血地指出了他们的问题，毫不虚情假意。当然，如果讲师面向的学员和组织相对传统，或者跟他们的信任还没有完全建立起来，那么还是要稍微委婉一点。不过，明确具体这一特点会让课程受到好评，我认为是颠扑不破的。

及时给予反馈

学员交完作业都希望尽快得到反馈，然而讲师毕竟要对作业有所消化才能保证点评质量。作业比较多时讲师需要逐一批阅，所以学员提交作业跟得到反馈之间必然有一个时间差。其实有时间差学员是可以理解和接受的，关键是讲师要给出明确的反馈时间。这就跟在餐厅点菜一样，最关键的不是上菜速度，而是匹配期望，餐厅一旦承诺30分钟上菜就是30分钟，这样客人就能够安排好接下来的时间。所以讲师在这种情况下一定要跟学员沟通清楚，分几个批次，具体在什么时间之前要给他反馈。

看功力

最后，我强调要看功力！在需要点评的主题上，讲师必须至少比学员高两个段位才能给他有效且有启发的点评。因为点评是没有办法事先准备的，所以完全要看功力，即讲师对这个主题是不是有非常深厚的实践和体会。如果有，给出来的东西就能够一语中的；如果没有，就可能只是浮光掠影。那些高水平的学员是能够马上感知到讲师本身是否有足够水平的。

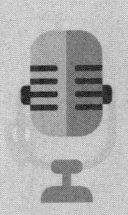

第八章

出镜力——让镜头Hold得住

第一节
京剧表演五法及启示

我不是京剧票友，但有一次跟同为职业讲师的季东来老师交流，他提到的京剧表演五法的概念对我很有启发。

我们都知道，相声有"说、学、逗、唱"四门基本功，京剧讲究的是"唱、念、做、打"四门基本功，而"四功"的好坏，在于演员运用"口、手、眼、身、步"技巧的娴熟程度，戏班将其称为"五法"。

口：口法在五法中占据首位。演员在舞台上表演时，不仅要唱得动听，念得清脆上口，在口形上也要给观众一种美感。

手：手法是指京剧演员手的姿势与动作都有一定的呈现方式。

眼：前辈表演艺术家常说："上台全凭眼，一切心中生。"

艺术家创造性地运用眼睛这一器官，表现剧中人物的喜、怒、哀、乐、痴、傻、呆等情感的变化，并将这种表演方法代代相传，使之成为"五法"之一。

身：身法是五法中的枢纽，起到了承上启下、上连下接的中枢作用。

身法的功能大致分为以下几种：起、落、进、退、侧、反、收、纵。每个演员在表演中做出的每个动作，都和这八个字的姿势分不开。

在京剧里，身段对于整个表演十分重要，它在相当一部分剧目中占有重要地位。

步：步法泛指演员在舞台上举足、迈步的规律、程式。步主要指的是"台步"。

台步是演员在舞台上走路所用的艺术化的步伐。

我认为这五法对于讲师在镜头前讲课可以说是完全对应的，"口"代表讲话，在直播课里主要是指讲师对于声音的把握和运用。"手"主要对应手势，讲师借助手势去辅助意思的表达，加强表达的力量。"眼"主要是指眼神以及跟学员的目光交流。"身"主要是指头部和身体在镜头前的展示。因为讲师在镜头前很多时候只是露头，最多只露到上半身，所以步法这个部分在直播课里相对次要，可以忽略。因此对于讲师来说，直播课的重点是"口、手、眼、身"四个方面的问题。

第二节 口到的要点

前面我讲了金句力在直播课里威力很大是因为讲师的信息通道被压缩了,只留下了视觉和听觉这两个通道,所以声音在线上平台变得更重要。

相对来说,互动直播课还好一些。如果是录播课,或者大规模的在线时间比较短的直播课,当讲师没办法跟学员互动的时候,声音的影响力就更大了。讲师的声音能不能抓得住听众,能不能对听众产生吸引力,甚至声音是不是甜美,都成为学员给讲述打分的重要因素。很多时候学员在评论区或者弹幕的留言一半都是关于声音的。例如,"老师声音好有磁性。""老师是专业播音主持出身吧?"

市面上有很多专门教讲师美化声音的声音教练,我自己并不是这方面的专家,但我认为决定声音是否好听的要素在于讲师天生的声线条件。对于讲师来说，在互动直播课中关于声音的基本要求是"清晰明确、抑扬顿挫"，重点是要有起伏和变化。原因在于在线沟通，人的注意力能够集中的时间很短暂，对于一成不变的声音大脑很快就会进入屏蔽状态，此时学员就难以兴奋起来并留意讲师所讲的内容。

讲师讲课需要声情并茂、代入情感。例如，当讲个人的感悟和故事、朗读和引用一些名言名句，以及结尾激励学员时，讲师可以把握好以下几个要点。

📶 分析情感

分析情感就是分析所讲的内容需要代入什么样的情感。例如，讲师讲的是自己的一次惨痛教训，情感就应该是低沉且悲怆的。如果讲师讲的是自己的成功案例，情感就应该是慷慨激昂的。假设你给一群企业的内部培训师在线讲课，最后引用了爱尔兰著名诗人叶芝的名言"教育不是注满一桶水，而是点燃一团火"。大家可以尝试着用平静如水、热情似火、无比悲痛和将信将疑这几种情感朗读一下这句话，然后尝试着用手机录音给自己听，闭上眼睛感受一下差别。

代入角色

很多时候讲师还需要为内容表达找到一个对象，借此定位角色，以便在线授课时能够让自己有更好的代入感，同时让学员有更好的对象感。

下面借用2020年年初热播电视剧《清平乐》里的场景和角色进行代入角色的模拟。你可以尝试在以下三个场景代入这几种角色来体会应该是什么样的情感，并尝试录音这句话"如果你是我眼里的一滴泪，为了不失去你，我将永不哭泣"并加以对比，去体会不同角色演绎的差别。

场景1

小太监梁怀吉从小伺候公主赵徽柔，是陪她一起长大的玩伴。他们两小无猜，他对她充满了深情，彼此之间也知道对方的心意，但是因为身份的差别，他们没法在一起。那么小太监在公主出嫁前对公主说这样一句话是一种什么样的情感呢？肯定是包含了柔情，又带有一点点的克制，因为他知道他们之间不可能有什么事情发生。

场景2

主要人物是王凯扮演的宋仁宗和江疏影扮演的曹皇后。曹皇后心里很喜欢这个皇帝，但是她的身份让她必须作为后宫的表率，一言一行都要符合规矩礼仪。所以皇帝有时候就不太喜欢她，说她像个菩萨一样，不是一个活生生的女人。她心里有很多苦楚，在这样一种情况下，她对宋仁宗说了这样一句话。这是一种什么样的情感呢？它包含了深深的爱意，也包含了太多的无奈。

场景3

主要人物是宋仁宗和他的女儿赵徽柔。宋仁宗是历史上难得的好皇帝，他只有这么一个公主，所以他对公主非常疼爱。然而，他出于对国家的考虑，逼着她嫁给一个她不喜欢的人。所以当父亲对女儿说这样一句话时其实包含着爱和无奈，希望女儿理解自己的一片苦心。

4P演绎

在分析情感和代入角色的基础上，对声音的运用是从四个P的方面去练习的。这四个P分别是Power（音量）、Pitch（音高）、Pace（语速）和Pause（停顿）。

音量就是说话的声音大小。音量小就是说话的声音很小，音量大就是说话的声音很大。音高跟音量不一样。音高是指高音、中音或低音，声音是尖利的还是低沉的。语速是指说话的快慢。语速快会给人一种紧张感和压迫感，会让人更费神，适当运用可以让学员不犯困、注意力集中，过度运用会让学员跟不上甚至放弃。语速慢给人感觉比较沉稳自信，对于重点的内容需要放慢语速、提高音量，重点强调。停顿也很重要。停在哪里就说明讲师要特别强调这个部分或者后面的部分。

练习的时候，可以对4P中自己比较关注或薄弱的部分，做一个标注提醒自己，不断地演练并录音给自己听或者发给自己信赖的朋友以便获得反馈、不断反思，以及进行调整改进。

第三节 手到的要点

互动直播课里，讲师经常露出的是胸部以上的部分，所以实际上能辅助表达和提升表现力的主要肢体动作是手势。

美国前总统奥巴马非常擅长演讲，他的一些招牌式的手势和肢体动作给自己的演讲表达添色不少。例如，这个俯手式（见图8-1），掌心向下，手指自然弯曲，表示提醒。

图8-1　美国前总统奥巴马的俯手式

讲师在日常讲课或演讲的过程中，可以用这个手势抑制听众的情绪，进而达到控场的目的。当讲师提出一个和常理不同的观点或者向现场观众强调自己的观点时，这个手势就能很好地帮助他控场，增强自己的自信。

还有奥巴马的这个手势，食指伸出，其余四指弯曲并拢（见图8-2）。他的这个手势在演讲中被大量采用，用来指人物、事物、方向，表达观点或者表示肯定。

图8-2 美国前总统奥巴马的其他手势

具体到直播课里，讲师的手势和肢体动作有四个要领。

1."手上桌"。讲师录制直播课的时候，要把手放在桌子上，以便做手势。

2."手臂抬"。讲师在做手势和肢体动作的时候,手臂一定要抬起来。例如,讲师说:"他们在下一盘很大的棋,希望用顶尖人才炸开人才金字塔顶端,为企业注入巨大的愿景和活力。"如果做动作的时候大臂贴在身体两侧不动,就会感觉动作很僵硬。讲师只有把两个胳膊抬起来,做出的动作才舒展、大方。

我建议大家对照镜子做一下对比练习。先把手臂放在身体两侧,一边做动作,一边说:"他们在下一盘很大的棋,希望用顶尖人才炸开人才金字塔顶端,为企业注入巨大的愿景和活力。"再把手臂抬起来练习一遍。然后观察前后的效果,就会对"手臂抬"这个要领有切身体会了。

3."手腕硬"。讲师的手部在做动作的时候,手腕要硬起来,要和小臂形成一个整体。所谓"手腕硬",不是手腕不能弯曲,而是挺起来保持手掌和小臂在一条直线上。想象一下,敬标准军礼时,人的手腕就是硬的,而打羽毛球抖腕或者扣杀时,人的手腕就是软的。

在教学的过程中,我发现很多学员做动作时手腕都很软,他们在说"第一点、第二点、第三点"时,做的手势给人感觉手腕就像折了一样,软绵绵的。手腕一软,动作就会无力,动作无力就会进一步使讲话缺乏激情和感染力。手势的力度和语言的力度是同步的,手势坚定有力,表达就会坚定自信;手势绵软无力,表达也会显得绵软无力。做动作时让手腕硬起来，无论在视觉上还是听觉上，学员都会更容易感受到讲师的坚定和自信。

这一点，讲师也可以对着镜子进行对比练习。例如，练习说："今天我来讲三点，第一点……第二点……第三点……"做手势的时候，第一遍手腕软绵绵的，第二遍手腕就会硬起来。需要自己去体会和感受肢体动作和表达的一连串变化与差异。除了对着镜子练习，讲师还可以用手机自拍一段短视频，然后保存下来，不断地去看，揣摩两组动作的差别。那种差别带来的惊讶感，会深深印在讲师的脑海里。

4."虎口张"。也就是做动作时大拇指和食指间的虎口要张开，但保持其余四指并拢。"虎口张"会给人手指有力量的感觉。虎口张开后，手部肌肉马上绷紧，五指也就自然伸直，指尖就会有力量。常见的错误有两种，一种是做手势的时候五指并在一起，好像极目远眺时的那个动作，这样就会导致讲师做的手势像鸡爪子一样，手指没有力量。还有一种错误是五指分开，就像饿虎扑食一样，虽然讲师会觉得这样手掌的掌控面积更大，但实际上给人的感觉不大美观，甚至有些不雅。

大家可以通过前面那句话来体会一下这个动作，对着镜子或者摄像头，说三遍："他们在下一盘很大的棋，希望用顶尖人才炸开人才金字塔顶端，为企业注入巨大的愿景和活力。"第一遍把五指并拢并做动作，第二遍把五指全都张开并做动作，第三遍把虎口张开并做动作。有了这样的对比，讲师就更容易切身感受到虎口张开做动作的美感和力度了。

以上2~4点的要领均来自珠海电视台著名主持人殷亚敏的图书《21天掌握当中说话诀窍》。他在书中还推荐了一个三步组合练习，你可以尝试对着镜子或者自拍摄像头做一下：

- （抬起双臂）说："关于直播课手势，我来亮三点。"

- （抬起双臂，亮出食指）说："第一要手臂抬。"

- （手臂和手腕连为一体，竖起来，做胜利的V姿势）说："第二要手腕硬。"

- （张开虎口）说："第三要虎口张。"

照此反复练习，形成肌肉记忆，做手势就会美观、大方、有力。镜头前的学员就能够更好地感受到你的热情，并且能够加深对所讲内容的理解和领会。

第四节 眼到的要点

人们常说："眼睛是心灵的窗户。"在面授课中，训练有素的讲师非常注重跟学员的眼神交流，而在线上直播课中，这个要求更为重要。因为很多时候，学员只能通过镜头看到你的面部，而眼睛是你面部唯一能够活动的器官。

要做到跟学员亲切自然的眼神交流，首先要做好两个准备。第一，要学会使用多部设备。一个主设备放演示课件并且做面部交流（一般是笔记本或台式电脑），另一个设备用来看学员反馈的信息（一般是手机或iPad）。我建议大家这样做是因为讲师演示课件时一般都会共享屏幕，这时如果讲师通过同一台设备去查看学员的留言，聊天框就会遮挡课件，被遮挡的画面会同步传送给学员，干扰他们的学习体验。第二，讲师要保持主设备的摄像头的高度与眼睛的高度齐平。直播中可能出现的常见状况是设备放置过低，导致摄像头仰视讲师的头部，这样讲师的鼻孔、鼻毛和耷拉的眼袋将会无比清晰地呈现在学员面前。仔细想想，这个小细节是不是值得引起关注呢？

讲师在做好这两点准备的基础上，可以通过自己的眼神去营造三种感觉。

第一种是通过眼睛给学员营造镜头感，即讲师要提醒自己讲话时主动地去看摄像头。有些讲师直播课讲得多就知道主动去看摄像头，讲得少的讲师就会不自觉地去看PPT。如果看PPT的次数太多的话，学员看到的就是讲师的脑门儿。

第二种是关注感。讲师光有意识去看镜头还不够，每次看镜头还要盯住镜头一定的时间，不然学员感受到的仍然是讲师飘忽迷离的眼神。我这里有个小技巧，即隔一段时间讲师就要提醒自己盯着镜头看，然后心里数"一二三"，至少停留三秒，学员才有被关注感。如果讲师只是瞥了镜头一眼，就开始看别处或者继续盯着PPT，会让学员感觉并没有被关注。

第三种是交流感。讲师要有意识地制造眼神的交流。如果讲师在线下上面授课，要制造眼神的交流，就是扫视和停留，而线上直播就没办法扫视，因为讲师面对的都是屏幕前的学员。这时，讲师要想保持与学员的交流感就要调整自己跟镜头之间的距离，进行常规讲授时可以保持中等距离。讲师让学员自己思考或者做作业时,可以将镜头稍微拉远一些。强调重点或者跟学员分享一些秘诀时,讲师可以让眼睛靠近镜头,给学员制造讲悄悄话的感觉。随着内容的不同,讲师可以不断调整与镜头的距离,以取得更好的授课效果。如果长时间用同一种距离和姿势讲课,学员会感觉讲师是在给一个机器讲课。

这里还有一个提醒,就是不少互动直播平台,如ZOOM、瞩目、腾讯会议等,都提供了一个叫虚拟背景的工具,讲师可以自选一幅图片作为自己的背景。我建议学员用,而讲师尽量不要用。这是因为当讲师调整眼睛和镜头的距离时,学员感觉不出来远近,所以讲师背后最好是个实物背景。有的人喜欢在后面摆一幅风景照或者书架。其实,讲师的背后最好是一面墙、一个书架或一块幕布,只要是实际的场景都可以。这样当讲师移动的时候学员就能够感觉到,否则不管讲师怎么移动,学员都感觉他没动过,就很容易觉得疲惫。

第五节
身到的要点

授课的不同状态

我给大家看三张图片，这三张图片都是关于我个人授课时的状态的。你觉得哪一张会让人感觉比较投入和亲切？我相信，绝大部分人都会认为第一张比较好（见图8-3），第二张是我在侧身看学员的留言（见图8-4），而第三张则是我发现视频播放出现状况时的惊讶表情（见图8-5）。由此，可以看到讲师的所有状态都会被摄像头放大，并且呈现在学员面前，身体的姿势讲师自己可能感觉不到，但是学员能直观地看到。

图8-3　我的授课状态

图8-4　我在侧身看学员的留言

图8-5　我发现视频播放出现状况时的惊讶表情

"身到"这个部分一共包括三个方面，分别是身位、身距和身动。第一个是身位。身体距离摄像头的位置以适中为宜，讲师应该至少露出胸部及以上的部分，同时保持头顶没有被屏幕"削掉"。第二个是身距。讲师要在讲授过程中做到有远有近。讲师叮嘱学员时，要把身体靠近镜头。讲师正常讲课时，要保持正常身距，需要展示图书或者手绘讲稿时，可以远离屏幕，让学员把注意力自然迁移到所展示的物品上。第三个是身动。即讲师身体的移动。在互动直播课里，讲师的身体要稍微有些活动，这个活动既包括前后的活动，也包括左右的活动。这个活动是保证让学员看到讲师这边的变化，让学员意识到自己是在跟活人交流。讲师在直播的过程中侧身、喝水，以及在转椅上适度转向都是可取的做法，通过不断测试就能够找到自己最合适的位置。我建议讲师反复查看自己的录像来不断感受和调整，因为直播过程中讲师的一些小动作和惯性姿势往往会被放大。

直播必备装备

第一个直播必备装备就是补光灯。讲师可以在网上买一个带支架的放在家里，出差时在酒店直播也可以带一个便携的补光灯。第二个就是额外话筒，用来确保讲师讲课的音量。这样一个额外话筒也能够节省能量。第三个就是手机架，用来查看直播间与学员的互动信息。第四个就是计时器。守时对讲师来说是非常重要的，因为有的学员下课之后还有别的事，而讲师如果没有计时器提醒，经常容易忽略时间问题。第五个就是直播主设备，一般都是笔记本电脑，像我的设备是Surface Pro7，它的摄像头本身像素就比较高，就不必再额外添置摄像头。如果你的主设备本身自带的摄像头像素不高，建议你额外再配一个像素较高的摄像头（见图8-6）。

图8-6 直播必备装备